EL CAMINO DEL GUERRERO

UNA SENDA MILENARIA HACIA LA PAZ INTERIOR

ERWIN RAPHAEL McMANUS

AUTOR DEL ÉXITO DE VENTAS LA ÚLTIMA FLECHA

WHITAKER
HOUSE
Español

A menos que se indique lo contrario, todas las citas de la Escritura han sido tomadas de la *Santa Biblia, Nueva Versión Internacional*®, NVI®, © 1999 por la Sociedad Bíblica Internacional. Usadas con permiso. Reservados todos los derechos. Las citas de la Escritura marcadas (NTV) han sido tomadas de la *Santa Biblia, Nueva Traducción Viviente*, © Tyndale House Foundation, 2010. Usadas con permiso de Tyndale House Publishers, Inc., 351 Executive Dr., Carol Stream, IL 60188, Estados Unidos de América. Todos los derechos reservados. Las citas de la Escritura marcadas (RV-60) han sido tomadas de la versión *Reina-Valera* © 1960 Sociedades Bíblicas en América Latina; © renovado 1988 Sociedades Bíblicas Unidas. Usadas con permiso. Todos los derechos reservados.
Las cursivas en los textos y citas bíblicas son énfasis del autor.
Detalles en algunas anécdotas han sido cambiados para proteger las identidades de las personas involucradas.

Traducción al español por:
Belmonte Traductores
Manuel de Falla, 2
28300 Aranjuez
Madrid, ESPAÑA
www.belmontetraductores.com

Editado por: Ofelia Pérez

EL CAMINO DEL GUERRERO
UNA SENDA MILENARIA HACIA LA PAZ INTERIOR
Publicado originalmente en inglés en el 2019 bajo el título *The Way of the Warrior*,
por WaterBrook, una marca de Crown Publishing Group,
una división de Penguin Random House LLC, New York.

ISBN: 978-1-64123-257-9
eBook ISBN: 978-1-64123-258-6

Impreso en los Estados Unidos de América

Whitaker House
1030 Hunt Valley Circle
New Kensington, PA 15068
www.whitakerhouse.com

Por favor, envíe sugerencias sobre este libro a: comentarios@whitakerhouse.com.

1 2 3 4 5 6 7 8 9 10 11 12 w 25 24 23 22 21 20 19

Para Kim

No hay nadie más a quien podría dedicar un libro titulado
El Camino del Guerrero, sino a ti, mi Amor.
Hemos viajado juntos por más de treinta y cinco años, y
desde los días de nuestra juventud hemos viajado a tierras
desconocidas, hemos caminado el interior de indecibles misterios, y
hemos decidido vivir en riesgo absurdo y aventura inesperada.
Tú personificas la valentía y la fortaleza.
Desafiaste las expectativas de nacimiento y estatus.
Te levantaste de la pobreza y la dificultad.
Te negaste a permitir que el inicio de tu historia
determinara cómo terminaría.
Escogiste un camino que nadie había recorrido antes que tú.
Te negaste a rendir tus sueños aunque nadie luchó por ti ni contigo.
Tuviste la fe de una niña y el valor de una guerrera.
Cuando tenías miedo a la oscuridad, eso solo
te hizo caminar valientemente hacia la luz.
Sin embargo, de algún modo sabías que aunque e
stabas sola, no estabas olvidada.
Portaste tus sueños con tal pasión y determinación
que estabas destinada a vivirlos.
Creíste en un futuro que nadie más podía ver o incluso imaginar.
Peleaste por tu futuro.
Ahora peleas por el futuro de quienes necesitan
desesperadamente una heroína.
Recorres la tierra para encontrar a aquellos que
necesitan saber que no están olvidados o solos.
Peleas por amor, y el amor es tu mayor arma.
Tu sendero es el camino del guerrero.
Ha sido mi gozo haberlo recorrido contigo.
La gente busca durante toda su vida lo que yo he encontrado en ti.
Tú eres la mejor parte de mí.
Siempre.

Contenido

Introducción: El código del guerrero vii

CÓDIGO 1: El guerrero pelea solamente por la paz 1

CÓDIGO 2: El guerrero busca volverse invisible 31

CÓDIGO 3: El guerrero halla honor en el servicio 57

CÓDIGO 4: El guerrero tiene dominio sobre su mente 81

CÓDIGO 5: El guerrero se apropia de la derrota 109

CÓDIGO 6: El guerrero aprovecha su fuerza 127

CÓDIGO 7: El guerrero es uno con todas las cosas 163

CÓDIGO 8: El guerrero permanece en su dolor 203

Reconocimientos 235

Notas 237

INTRODUCCIÓN

El código del guerrero

Probablemente no es una buena idea que un escritor revele a sus lectores de dónde vienen sus ideas, pero en este caso voy a hacer una excepción. Podría intentar darte el contexto, pero no estoy seguro de poder explicar totalmente lo que llegó a mí; o quizá más precisamente, *cómo* llegó a mí. Yo iba conduciendo por Los Ángeles un día aparentemente común.

Debo anteceder lo que estoy a punto de decir con el hecho de que tengo una imaginación salvajemente vivaz, informada por toda una vida de soñar despierto. Muy a menudo me encuentro en lugares inesperados, hablando con personas que estoy bastante seguro de no haber conocido nunca en la vida real, pero las siento muy reales. A veces estoy en la curiosa situación en la que mi imaginación toma la delantera y me siento más como un espectador inocente.

Por lo tanto, ese día, mientras iba conduciendo por Los Ángeles, de repente escuché una voz dentro de mi cabeza susurrando un pensamiento que nunca antes se me había ocurrido. Lo comparto contigo tal como lo escuché: *El guerrero no está listo para la batalla hasta que ha llegado a conocer la paz. Este es el camino del guerrero.* Lo que escuché lo sentí como algo más que simplemente una revelación; lo sentí como una invitación. Y esa invitación, por extraña que parezca, fue el inicio de este libro.

Las palabras no carecían de personalidad. Era como si de algún modo yo descendiera a una época antigua. Podía ver la cara del guerrero y cada arruga que definía toda una vida, tanto de lucha como de sabiduría. En ese momento, yo había sido trasplantado hasta el Japón del siglo XVI y estaba escuchando los consejos de un antiguo samurái que intentaba enseñar a su joven aprendiz la diferencia entre el camino de la violencia y el camino del guerrero.

Me resulta fácil comprender algunas de las experiencias que habían formado ese momento en mi imaginación. Probablemente mi película favorita de todos los tiempos es *Los Siete Samuráis*, escrita y dirigida por Akira Kurosawa. La película está ambientada en el Japón del siglo XVI, donde los agricultores de una pequeña aldea están siendo oprimidos por una pandilla de bandidos ambulantes. Es una historia sobre cómo un samurái retirado, que dejó atrás la plenitud de la vida mucho tiempo atrás, reúne a otros seis samuráis para que le ayuden a defender esa aldea pobre. Esta película se estrenó cuatro años antes de que yo naciera, y aunque me crié sin tener conocimiento de todos los héroes de los que escribe la Biblia, fueron historias como esta las que pusieron en mi interior una narrativa heroica. A lo largo de toda mi vida siempre he admirado la valentía y el honor de Kambei Shimada, el primero de los siete samuráis.

Fue unos años después, cuando estaba sentado, cautivado, viendo por cuarta o quinta vez la película china de 2002, *Héroe*; mediante la asombrosa cinematografía me sentí transportado al mundo de un héroe cuyo nombre es literalmente Sin Nombre. Tuve una experiencia parecida un año antes al ser la única persona en un cine que no hablaba chino, viendo el estreno de *El Tigre y el Dragón*. Y debo confesar que un año después de aquello quedé profundamente impresionado por la elegancia y profundidad de la interpretación de Ken Watanabe como Katsumoto en *El Último Samurái*.

Cada una de esas historias entretejió una narrativa heroica dentro de mi alma, y me recordó que hay una importante diferencia entre violencia y honor, entre venganza y valentía, entre el camino de la guerra y el camino del guerrero.

Quizá esas películas y el interminable número de narrativas que han formado mi imaginación, me permitieron oír la primera línea de este libro como si me llamara desde tiempos de antaño, pero sé que fue algo más que eso. Mis pensamientos también estaban fundamentados por las realidades que enfrento cada día en nuestro tiempo presente. Vivimos en un mundo que parece estar marcado y definido por la violencia sin sentido. Ahora tenemos una generación cuya única impresión de la historia humana es la de una era de terrorismo global. Nuestros hijos no pueden ir a la escuela con la suposición de que estarán seguros, sino que deben vivir con la amenaza inminente de que se produzca una masacre sin sentido cualquier día. Desde extremistas islámicos hasta supremacistas de raza blanca, el odio parece estar a la orden del día. Aún batallo por entender el tipo de ira, odio y violencia que impulsa a una persona a entrar en una escuela con más municiones que un especialista militar y segar vidas inocentes sin ningún motivo.

Me parece bastante claro que hay algo terriblemente equivocado en nuestro mundo. Yo mismo, al igual que muchos otros, anhelo la paz. Daría cualquier cosa por ver el fin de la violencia. Donde las guerras antes parecían concernientes únicamente a los soldados, ahora sabemos que el problema llega mucho más profundo que a lugares en mapas "por allá".

A lo largo de los años me han preguntado muchas veces por qué la Biblia representa a Dios como un Dios de guerra. No puedes escapar al hecho de que se registran muchas batallas en la Escritura. En el mundo antiguo el lenguaje de la guerra era muy común, y para muchos pueblos antiguos estaba casi intercalado en el lenguaje de la fe. Siempre recuerdo que no es Dios quien creó a la humanidad para que viviera en violencia, sino más bien es la humanidad la que escoge la violencia. Esa es nuestra historia. Ese es nuestro presente, como especie y también como individuos. Tendríamos una historia incluso de más guerras si Dios no existiera. Nuestro pasado es de conflicto, de división, de codicia y poder; una batalla constante donde nación se levanta contra nación, y hermano se levanta contra hermano.

Esa no es la historia de Dios; esa es nuestra historia. Dios queda manchado por ser parte de nuestra historia, pero la historia de Dios es una historia de paz. ¿Cómo es la historia de paz cuando se ubica en medio de una humanidad que solamente conoce conflicto y violencia? El lenguaje de Dios como un guerrero llegó a existir porque Él intervino para defender al indefenso. Él escuchó el clamor de un pueblo que batallaba en la esclavitud y se propuso liberarlo. Por lo tanto, sí, fue una declaración de guerra contra la injusticia, la opresión y la falta de humanidad.

Fue Caín quien mató a Abel. Fue Dios quien hizo rendir cuentas a Caín y aún así lo protegió de más violencia. Sería fácil culpar a Dios por lo que nosotros hemos creado e impugnar su carácter porque Él obra para producir paz en nuestras historias, en lugar de manipular cada aspecto de la historia desde el principio. He llegado a convencerme de que, más que ninguno de nosotros, Dios entiende la guerra que se libra en nuestro interior y a nuestro alrededor, y desea conducirnos hacia el fin de la violencia. Somos gente de guerra porque somos un pueblo en guerra. Toda la violencia que vemos en el mundo no es sino un pequeño asomo de la violencia que se agita en nuestro interior. Esta guerra que se libra dentro de nosotros al final hierve y se derrama, y prende fuego al mundo.

La guerra en nuestro interior es el enfoque de *El camino del guerrero*. Escojo esta imagen porque estoy convencido de que el único camino hacia la paz mundial es la paz interior. Incluso mientras escribo este libro, estoy rodeado por un número interminable de personas (personas que amo, personas que me importan profundamente) que batallan con demonios interiores que los ponen en riesgo diariamente. El suicidio se ha convertido en una epidemia global incluso entre las personas instruidas y pudientes. Aquellos que parecerían tener más razones para vivir no pueden pensar siquiera en una.

La depresión está en un nivel epidémico, y parece que no podemos diseñar medicinas con la rapidez suficiente para evitar que nos ahoguemos en un abismo que existe en nuestro interior. Seres humanos talentosos, dotados y extraordinarios están paralizados por la ansiedad y abrumados por el estrés. Y un creciente número de jóvenes, tanto varones como mujeres, que nunca han ido a la guerra, se encuentran en una batalla con el trastorno de estrés postraumático.

Los estallidos de violencia repentinos que han marcado la historia de nuestros hijos ya no pueden considerarse como una anomalía, y hay que abordarlos como un estado de emergencia cultural. Estoy cansado de perder a personas que amo. No podemos quedarnos sentados sin hacer nada esperando que los problemas de algún modo se corregirán por sí solos. Quizá yo no puedo producir la paz en la tierra escribiendo este libro, pero si puedo dar paz a una sola persona, consideraré que he hecho mi trabajo.

Nuestra única esperanza para la paz social es la paz interior, y la paz interior no llegará sin una batalla. La lucha es real. Las líneas de batalla han sido trazadas, y es una batalla por nuestras almas. Escojo el lenguaje de *El camino del guerrero,* no porque desee idealizar la guerra, sino porque espero que nos ayude a encontrar una senda hacia la paz. Esta guerra debe ganarse una persona a la vez, un corazón a la vez, una vida a la vez.

Este, a propósito, es el camino de Jesús. Es así como Él vino a traer paz en la tierra. Mientras otros esperaban que Él reuniría un ejército, incitaría una rebelión, y usaría su poder para hacer caer un imperio, Él escogió un camino diferente. No se rindió al *status quo* ni sucumbió a la regla inevitable de poderes opresores. Tenía confianza absoluta en que su revolución prevalecería. Conocía el camino hacia la paz; entendía la fuente de todas las guerras. Sabía que todo comenzó en el corazón humano.

El camino de Jesús es la senda antigua hacia la paz interior. Al escoger seguirlo a Él, yo he escogido el camino del guerrero. Cada día me encuentro en una guerra. Incluso después de todos estos años, hay batallas que se libran en mi interior. Pero en lugar de perder terreno, me encuentro ganándolo día tras día. Aún sigo luchando tras las líneas enemigas. He conocido a todos los enemigos del espíritu humano. He conocido el temor y la duda; he conocido la amargura y el enojo; he conocido los celos y la codicia. Todos me resultan muy familiares. Y tras muchos años de caminar en esta senda antigua, he llegado a conocer esta verdad con toda certeza: el mundo en tu interior creará el mundo en tu exterior.

La paz interior no llega por accidente, ni tampoco por deseo. La paz interior es un viaje hasta el dominio propio. El camino del guerrero es una disciplina del alma; es un viaje hacia la iluminación. Y en definitiva es el resultado de una relación con el Creador del universo. El mundo en el cual vivió Jesús nunca conoció la paz y, sin embargo, sin importar lo mucho que lo intentaron los poderosos, nunca pudieron robarle la paz. No debería sorprendernos que fuera un acto de violencia lo que para nosotros se convirtió en nuestro camino hacia la paz. La cruz señala la dirección, pero nosotros debemos escoger el camino. La Biblia habla de oscuridad y luz, recordándonos que hay una guerra que se libra dentro de todos nosotros.

¿Te has rendido a la oscuridad? ¿Has perdido de vista la luz? ¿Te has encontrado agotado por la lucha y sin embargo –de algún modo– te negaste a darte por vencido? No estás solo. La batalla que se libra en tu interior nunca se pretendió que la pelearas tú solo. Y si sientes que estás a un solo aliento de abandonar, espero que de algún modo pueda convencerte de que el Dios que te creó está peleando por ti.

No puedes renunciar a ti mismo cuando Dios te considera digno de la pelea. La cruz sobre la que murió Jesús nunca será conocida como símbolo de derrota o una declaración de rendición. La cruz será recordada para siempre, mucho después de que el tiempo deje de existir, no solo como una declaración de aquel que es victorioso, sino también como una promesa de que al final la guerra se rendirá ante la paz. El camino de Jesús es la senda antigua hacia la paz interior. Su vida es el camino del guerrero.

CÓDIGO 1

El guerrero pelea solamente por la paz

El guerrero no está preparado para la batalla hasta que ha llegado a conocer la paz. Porque todas las guerras que se han librado desde el principio del tiempo nacieron antes en el corazón de una persona. Tenemos una historia de guerra porque nuestras almas están en guerra. Tenemos conflictos porque nuestros corazones están en conflicto. Cada guerra, cada conflicto, cada acto de violencia existe porque nuestras almas se enfurecen. Nuestra única esperanza para la paz es ganar la batalla interior. Cada guerra contra otro es una guerra que nunca debería haberse luchado. Debería haberse ganado mucho antes. Debería haberse ganado desde el interior. Esta es nuestra primera batalla. La guerra para poner fin a todas las guerras es la batalla por el corazón humano. Esta es la guerra que debemos ganar. Conocer la paz es el camino del guerrero.

Es imposible ignorar que Dios con frecuencia se relaciona con las guerras. Sin duda, el pueblo de Israel tiene una historia de guerra al igual que una historia de fe. Podríamos concluir que el Dios de la Biblia es un Dios de guerra y, sin embargo, lo contrario es cierto. Dios es un Dios de paz. Nosotros somos quienes llevamos la guerra a la historia humana. Y desde entonces, Dios ha estado peleando por nosotros para que encontremos nuestro camino de regreso a la paz.

Salomón nos dice que hay un tiempo para la guerra y un tiempo para la paz.[1] Sin embargo nuestra historia nos traiciona. Nuestro pasado está marcado por la guerra, mientras que la paz nos ha eludido siempre. Tristemente, la historia de la humanidad puede marcarse por las armas que nosotros hemos forjado. Desde piedras, flechas, espadas, balas y hasta misiles, nuestras invenciones traicionan nuestras intenciones. Un observador desde fuera podría decir que somos criaturas de violencia para quienes la paz es simplemente el lenguaje de poetas y filósofos. Sin embargo, el camino del guerrero no se trata sobre refinar nuestras habilidades para la guerra; se trata de escoger la senda de la paz.

Yo he escogido este lenguaje, pero quizá al principio te resulte contrario a la intención de este libro. La paz puede llegar solamente cuando se pelea por ella. Esto es cierto para todo tipo de paz, ya sea paz en la tierra, paz interpersonal o paz interior. Nunca llega a quien es pasivo. De hecho, si escoges el camino de la paz, te encontrarás en una lucha constante y una batalla interminable. La paz que buscamos debe llegar desde el interior, y descubrirás que esta es la mayor de todas las batallas. Fue Job quien pronunció: "Lo que más temía, me sobrevino; lo que más me asustaba, me sucedió. No encuentro paz ni sosiego; no hallo reposo, sino solo agitación".[2]

Estoy convencido de que sus palabras resuenan en cada corazón: "*No encuentro paz ni sosiego; no hallo reposo, sino solo agitación*". Es una historia que todos podemos escribir.

Es la lucha que todos conocemos, algunos más profundamente que otros.

Si lo precedente puede predecir con exactitud el futuro, no deberíamos esperar conocer un mundo definido por la paz. Es desconcertante cuando conozco a personas que creen que no hay Dios y aun así creen en la paz. Después de todo, la paz es un ideal del que hablamos, pero es algo que este mundo nunca ha conocido plenamente. La historia humana está marcada por envidia, celos, codicia, violencia y derramamiento de sangre. Nunca habrá paz en la tierra hasta que haya paz en nosotros. Por eso el camino del guerrero debe comenzar aquí. Para encontrar tu fuerza debes encontrar tu paz, porque el camino hacia la fuerza interior es la paz interior.

Es ahí donde comienza nuestro viaje. El camino del guerrero comienza con encontrar la *paz* que falta. Hay ciertos nombres que destacan a lo largo de la historia como ejemplos de paz. Extrañamente, cuando escogemos el camino de la paz en medio de la violencia y la ira, con frecuencia simplemente nos la recuerda un solo nombre, por ejemplo, Gandhi, Mandela, Teresa, Tutu, Buda y, desde luego, Jesús. Aunque cada uno de ellos defendió la paz en medio de la violencia, es solamente Jesús quien afirmó ser realmente la paz que nuestra alma anhela.

Jesús vivió en una época de conmoción y conflicto. Nació en un mundo en el que su pueblo era oprimido por un imperio extranjero. Aunque pensamos en Jesús como un hombre nacido libre, en realidad nació siendo esclavo. De hecho, Jesús fue un superviviente de un infanticidio ordenado por un rey que temía por su reinado. Todo Israel vivía esclavizado por el Imperio Romano. Israel pertenecía a Roma. Los hebreos eran posesión de los romanos. Como hombre, Jesús era considerado un súbdito de un César que se proclamó a sí mismo un dios con derecho a gobernar sobre las vidas de toda la humanidad. Si Jesús conocía la libertad, no era debido a su circunstancia. Si Jesús conocía la paz, era en contraste con el caos que le rodeaba. En este contexto es donde habló a sus discípulos y les dijo: "La paz les dejo; mi paz les doy. Yo no se la doy a ustedes como la da el mundo. No se angustien ni se acobarden".[3]

Las palabras de Jesús debieron haber parecido profundas y a la vez desconcertantes para quienes las escucharon. Después de todo, ellos esperaban que Él trajera la paz. Muchos que creían que Él era el Mesías, pensaban que él llegaría para liberarlos del Imperio Romano. El título *Mesías* había llegado a significar algo muy específico para el pueblo judío. Ellos esperaban que este Mesías fuera en paralelo con la vida del rey David. Sería este Mesías el que liberaría a su pueblo para derrocar al mayor imperio del mundo. Este Mesías se convertiría en su rey, y el cumplimiento de la promesa se encontraría en su libertad. La llegada del Mesías sería el final de la opresión.

Las palabras de Isaías habían sido transmitidas durante generaciones: "Se extenderán su soberanía y su paz, y no tendrán fin. Gobernará sobre el trono de David y sobre su reino, para establecerlo y sostenerlo con justicia y rectitud desde ahora y para siempre".[4]

Había una prueba definitiva muy sencilla para el Mesías: si no establece la paz, no puede ser el Mesías. Era su responsabilidad llevarles paz; Él era la personificación de la paz verdadera, sin embargo, el tipo de paz que ellos esperaban nunca llegó. Sus palabras debieron haberles parecido agridulces. Él hablaba de paz con tal certeza en medio de ese caos, que probablemente causó que muchos espectadores supusieran que Jesús era un poco ingenuo. Debieron haber muchos que querían mirar a Jesús y decir: "A pesar de cuán poéticas pueden ser tus palabras, necesitas entender la realidad. Esto no es paz. Si viniste para hacernos libres, para establecer un reino de paz, entonces eres un fracaso total y una grave decepción para todos nosotros, que hemos estado esperando tanto tiempo a que el Mesías produzca un cambio".

Nadie tenía el valor para hablar a Jesús tan francamente, pero no pudo haber nada más frustrante para quienes escuchaban a Jesús que una declaración de paz cuando su mundo estaba en confusión. Incluso en la actualidad, las palabras de Jesús cortan hasta lo más profundo de nuestras almas, y Él parece conocer nuestros pensamientos incluso mientras habla paz a nuestras vidas: "Yo no se la doy a ustedes como la da el mundo". Es casi como si en una frase rápida encauzara la historia de la violencia humana. La paz que Él trae nunca nos llegará del modo en que habíamos esperado. Este no es el camino del guerrero, tan solo el camino de la violencia. Podría resultarte peculiar que yo describa a Jesús como un guerrero. Después de todo, se le conoce más comúnmente como un hombre de paz. Sin embargo, no puedes entender adecuadamente a Jesús si no comprendes que el propósito de toda su vida fue ganar la mayor batalla de la mayor guerra que se ha librado jamás.

Dios intervino en la historia humana para pelear por nosotros. Él no esperaba la paz; Él luchó por la paz. A veces, la verdadera misión de Jesús se malinterpreta porque Él nunca llevó en sus manos un arma física. Sin embargo, si quieres ver las verdaderas marcas de un guerrero, necesitas mirar las cicatrices en sus manos. En su muerte y resurrección, Jesús tomó sobre sí mismo toda la violencia del mundo para así poder llevar su paz a todo el mundo. Por eso Él es de manera más profunda y única el guerrero de la paz. Por eso estamos siguiendo su senda.

La guerra en el interior

Jesús nos dice: "No se angustien ni se acobarden".[5] Con simplicidad y sabiduría, Él separa las dos cosas que roban nuestra paz, porque los mayores enemigos de la paz interior son la preocupación y el temor.

A mi alrededor encuentro corazones angustiados: hombres y mujeres que se ahogan en la preocupación. Nos hemos vuelto tan adeptos a preocuparnos que hemos creado un número interminable de nombres para describir los matices. Sea que utilicemos el lenguaje del estrés o la ansiedad, o nos encontremos en las profundidades de la depresión o la desesperación, la preocupación es la fuente de gran parte de las angustias de nuestros corazones. La preocupación proyecta una perspectiva negativa del mundo que nos rodea. La preocupación proyecta un futuro negativo. La preocupación es un acto de fe. Es una creencia profundamente asentada en los peores escenarios. La preocupación no está arraigada en la realidad, pero sí afecta nuestra realidad.

También he encontrado ironía en estas palabras de Pablo: "No se preocupen por nada".[6] Sé que a lo que se refiere es que no deberíamos permitir que nada nos haga estar ansiosos o preocupados, pero lo cierto es que, por lo general, *nada* es lo que nos pone ansiosos. Nuestra ansiedad, nuestra angustia, nuestra preocupación, cuando se le arrebata su esencia misma, está arraigada en nada, o al menos en nada que podamos controlar. La solución de Pablo, desde luego, es no estar ansiosos por nada, pero en todas las cosas, mediante la oración, deberíamos llevar nuestro agradecimiento a Dios.[7] Parece que nos está diciendo que la ansiedad llega cuando intentamos controlar cosas que están fuera de nuestro control. Nos ponemos ansiosos porque no hemos aprendido a confiar.

Es interesante que en otro lugar donde Jesús habla de paz, vuelve a mencionar la aflicción. Aquí les dice a sus discípulos: "Yo les he dicho estas cosas para que en mí hallen paz. En este mundo afrontarán aflicciones".[8]

Este es un contraste importante. Primero Él nos dice: "No se angustien", pero después nos dice: "En este mundo afrontarán aflicciones". No tenemos control sobre la realidad de que en este mundo tendremos aflicciones, pero tenemos control sobre si decidimos permitir que nuestro corazón sea angustiado. Él hace la promesa de que aunque habrá aflicciones en este mundo, podemos animarnos porque Él ha vencido al mundo. Nuestra preocupación nos robará la paz, y cuando falta la paz, nos encontramos ahogándonos en ansiedad y desmoronándonos bajo el peso de las presiones de la vida.

Él también dijo: "No se acobarden". Si la preocupación hace guerra contra nuestra paz, el temor quizá es un enemigo incluso mayor. Cuando vivimos nuestras vidas con temor, eso crea agitación y caos en nuestro interior. El temor es el enemigo de la paz. Mientras que la preocupación nos robará el gozo, el temor nos robará nuestra libertad, porque lo que tememos establece las fronteras de nuestra libertad. Lo que tememos tiene dominio sobre nuestras almas. Cuando estamos ansiosos, perdemos nuestra fuerza. Cuando estamos temerosos, perdemos nuestra valentía. Cuando hemos encontrado paz, tenemos la fuerza y la valentía para vivir la vida para la que Dios nos creó.

Incluso en mi propia vida, yo veo una relación entre preocupación, ansiedad, y la incapacidad de controlar el mundo que me rodea. A lo largo de mi vida he tenido miedo a los perros. Incluso hasta la fecha sigo dando un salto cuando un perro se mueve en dirección a mí, aunque amo los perros. La raíz de este temor no es difícil de diagnosticar para mí. Cuando tenía unos cinco años vi cómo un perro mordía a mi hermano. Podíamos haber sido cualquiera de los dos, pero tal como la vida se desarrolló, él fue el objetivo del perro. Extrañamente, mi hermano, quien realmente fue mordido por el perro, nunca desarrolló ningún temor a los perros. Mi temor y ansiedad estaban arraigados en lo que podría haber sucedido y no en la realidad de lo que sí sucedió. Fue como si durante el resto de mi vida siguiera a la espera de que ocurriera lo que me temía, aunque hasta la fecha nunca me ha mordido un perro.

Durante años tuve miedo a las montañas rusas, y de nuevo no estaba arraigado en algo irracional. Cuando tenía unos diez años, se rompió el asiento mientras yo estaba montado en una montaña rusa, y me agarré fuerte para salvar mi vida. Recuerdo gritar sin control, intentando captar la atención del operador, pero él estaba demasiado ocupado fumando para escuchar mis gritos. Nunca salí lanzado de la montaña rusa, ya que me las arreglé para agarrarme fuerte hasta que finalmente se detuvo, pero debido a esa experiencia negativa, un temor perdurable tomó el control, y me pasé años viendo a otras personas montarse en montañas rusas. Pero eso es exactamente lo que el temor y la ansiedad nos hacen: nos dejan a un lado observando cómo sucede la vida. Yo no podía controlar las variables si me subía a la montaña rusa, así que me quedaba en terreno sólido para que eso me diera una sensación de control.

Años después fue cuando finalmente decidí vencer ese temor. Sin llegar a entender totalmente la naturaleza compleja del temor y la ansiedad, sabía que lo que tenía que hacer era montarme en una montaña rusa. Tenía que destruir cualquier creencia arraigada en que moriría si me subía a la montaña rusa. Desde aquella vez, he disfrutado toda una vida de inclinaciones extremas y caídas de locura. Me encantan las montañas rusas. Me encanta la sensación que se produce en el estómago. Me encanta la ilusión de la caída libre y de desplomarme hacia la muerte.

Irónicamente, esas dos fobias en mi vida me ayudaron a establecer un patrón de vencer temores en múltiples aspectos. Cada temor se siente justificado. Una razón es que cada temor tiene una semilla de verdad en él. Pero lo cierto es que en última instancia tú no tienes control sobre tu vida. La paz no llega porque finalmente tengas control sobre tu vida; la paz llega cuando ya no necesitas controlar.

Si el temor tiene un objeto directo, la ansiedad es temor sin un objeto. Experimentamos ansiedad cuando nos sentimos abrumados por la vida. Para reducir nuestra ansiedad, a menudo creamos límites cada vez más pequeños para que nos den cierta sensación de control sobre nuestras vidas.

La fuerza de la paz

La fuerza del guerrero es su paz. Jesús no vino para conquistar reinos o naciones; él vino para conquistar corazones y mentes. Si quieres andar en el camino de Jesús, debes saber que tienes que entrar en la oscuridad que necesita desesperadamente la luz. Al describir el camino que Juan el Bautista prepararía para Jesús de Nazaret, las siguientes palabras fueron pronunciadas sobre Juan en su nacimiento por su padre Zacarías: "Irás delante del Señor para prepararle el camino. Darás a conocer a su pueblo la salvación mediante el perdón de sus pecados, gracias a la entrañable misericordia de nuestro Dios. Así nos visitará desde el cielo el sol naciente, para dar luz a los que viven en tinieblas, en la más terrible oscuridad, para guiar nuestros pasos por la senda de la paz".[9]

La senda de la paz llega solamente cuando estamos dispuestos a entrar en nuestra propia oscuridad y enfrentar nuestras propias sombras. Debemos enfrentar precisamente las cosas que nos roban la paz, ya sea que hayan nacido de nuestro temor o de nuestras dudas. El concepto de paz está profundamente arraigado en la historia que moldeó el mundo y la cultura de la época de Jesús. La palabra hebrea para paz es *shalom*. La palabra *shalom* tiene niveles, es compleja y elegante en sus matices. En su nivel más superficial, *shalom* se utilizaba básicamente como una forma de saludo. En muchos aspectos se puede comparar con la palabra inglesa *goodbye*, que es simplemente parte del lenguaje común, pero está arraigada en la frase "Dios esté contigo".

Shalom es un saludo con implicaciones profundas. Se traduce y se entiende más comúnmente con el significado de "paz", pero la paz de shalom es rica en sus texturas. La palabra se extiende más allá del significado de paz, para significar "armonía, sanidad, plenitud, prosperidad, bienestar y tranquilidad".[10] Experimentar shalom es encontrar plenitud. Cuando encontramos paz, somos hechos plenos. La meta suprema de la paz es que no solo seamos sanos y plenos en nuestro interior, sino que también lleguemos a ser parte del todo dentro de la creación. El concepto mismo de shalom supone que la intención original de Dios es que todas las cosas estén interconectadas; que cuando hay paz, hay relación y armonía entre todas las cosas.

La evidencia más clara de que carecemos de paz es que todos sentimos una rasgadura entre nosotros, una separación que nos divide de Dios, de nuestro verdadero yo y de otras personas y, sí, incluso de la creación. La evidencia de que falta la paz es la fractura entre nosotros y Dios, la violencia de hermano contra hermano, y nuestra destrucción y falta de responsabilidad con la creación que se nos ha otorgado. Cuando hay paz, todas estas relaciones son enderezadas y todo es hecho completo. Cuando estamos quebrantados, todo lo que nos queda son los pedazos de nuestro verdadero yo.

Por mucha evidencia que haya a nuestro alrededor de que necesitamos desesperadamente encontrar nuestra paz, hay prueba incluso más profunda en nuestro interior de cómo nos ha eludido la paz. Cuando nuestros corazones no han encontrado paz, somos llenos de las expresiones más oscuras de nosotros mismos; somos llenos no solo de temor y duda, sino también de codicia y envidia, enojo y amargura, soledad y desconexión, desesperación y desesperanza. Cada una de ellas es una fuerza externa que hace guerra contra nuestros mundos interiores.

Batallamos con la envidia porque queremos la vida que no es nuestra.

Batallamos con la codicia porque queremos poseer lo que no nos corresponde tener.

Batallamos con sentimientos de insignificancia porque hemos hecho que nuestro valor dependa de las opiniones de los demás.

Batallamos con la identidad porque no sabemos quiénes somos fuera de lo que hacemos.

Batallamos con la soledad porque buscamos amor en lugar de darlo.

Nunca conoceremos la paz mientras seamos esclavos de fuerzas externas del mundo y creemos nuestra identidad desde afuera hacia dentro. Nunca conoceremos la paz si perdemos el presente porque estamos atrapados en el pasado y paralizados por el futuro. Esto no es una parte pequeña del porqué vivimos en una cultura lisiada por la depresión y la ansiedad. La depresión está arraigada en tu pasado; la ansiedad está arraigada en tu futuro imaginado.

La depresión es el modo en que tu alma procesa el remordimiento; la ansiedad es el modo en que tu alma procesa el temor.

La depresión te atrapa en tus peores y más dolorosos recuerdos; la ansiedad imagina tu peor y más doloroso futuro.

Pierdes el presente cuando te escondes de tu pasado y huyes de tu futuro. La depresión y la ansiedad te convencen de que el pasado es tu futuro, y que el futuro debe ser evitado a toda costa. La Biblia nos dice: "No se preocupen por nada; en cambio, oren por todo. Díganle a Dios lo que necesitan y denle gracias".[11]

La intención para nosotros fue que estuviéramos plenamente presentes en el momento. Tan solo el presente te liberará del pasado, y tan solo el presente te liberará hacia tu futuro. La senda a la libertad de tu pasado y a la libertad hacia tu futuro, es la conexión que se produce de vivir este momento plenamente presente. Puede parecer extraño, pero conectas con lo trascendente solo cuando estás plenamente presente. Cuando experimentas la presencia de Dios en el momento, el momento se vuelve eterno.

Está aquí en este momento.

La senda de la paz no viene de afuera hacia adentro, sino de adentro hacia afuera. Así es como Isaías describió la senda hacia la paz: "Tú guardarás en completa paz a aquel cuyo pensamiento en ti persevera; porque en ti ha confiado".[12]

Esta es la senda hacia la concientización. Este es el camino a la paz mental. No un viaje hacia la nada, sino un viaje hacia la plenitud. Es Dios quien nos da perfecta paz. Más específicamente, es Jesús quien ha venido para traernos esta paz que nuestras almas anhelan.

Paz contundente

Juan el Bautista fue escogido para preparar el camino para la llegada de Jesús. Su misión era "dar luz a los que viven en tinieblas, en la más terrible oscuridad, para guiar nuestros pasos por la senda de la paz".[13]

Lo último que diría alguien para describir a Juan el Bautista es que era obediente o incluso cooperador. Juan era un inconformista en todos los aspectos. Su mensaje era confrontativo, y su naturaleza en sí era contundente y poderosa. Aún así, se nos dice que incluso su tono áspero y su lenguaje riguroso fueron escogidos para nuestro propio bien. Su propósito era despertar a aquellos que vivían en las tinieblas de la sombra de muerte, y mostrar que hay luz y vida a disposición de todos nosotros. Sería fácil ver a Juan como un hombre de guerra, y sin embargo su única intención era guiar nuestros pies hacia la senda de la paz.

Recientemente escuché a mi hijo Aaron explicar que Dios va a la guerra solamente con el propósito de la paz. Recuerda que Juan vino solamente para prepararnos para Jesús. Seguir a Jesús es escoger la senda de la paz. Dondequiera que Él reina, hay paz. Cuando nació, la declaración de los seres angélicos fue: "Gloria a Dios en las alturas, y en la tierra paz a los que gozan de su buena voluntad".[14] Mediante el instrumento de muerte más violento que el mundo ha conocido jamás, Jesús vino a ser nuestra paz; sí, no solamente a *traernos* paz, sino también a *ser* nuestra paz.

Cuando Aaron estaba en la secundaria, recibí una llamada haciéndome saber que él estaba en peligro de ser expulsado por meterse en una pelea. Yo no había sabido que mi hijo fuera violento, así que estaba un poco sorprendido. Pero cuando descubrí lo que estaba sucediendo, tuvo todo el sentido para mí. Parece que había un grupo de muchachos que abusaban físicamente de un grupo específico de extranjeros.

Su hostilidad se había convertido en un acontecimiento cotidiano en la escuela de Aaron. En esta situación particular, había un grupo de alumnos ricos de raza blanca que acosaban a alumnos hispanos desfavorecidos.

Un día, Aaron sintió que tenía que intervenir, y se metió en la pelea para intentar proteger a un compañero de clase cuyos atacantes le sobrepasaban en número y en fuerza. Frecuentemente, cuando intentas ser un pacificador te conviertes en la diana. Tras ese día, Aaron se convirtió en el foco de atención de la violencia y de la ira redirigidas.

La postura de la administración no ayudó. Su consejo para Aaron fue que debido a que él era el centro de la agresión de los acosadores, tendría que pelear y defenderse. Sin embargo, cuando yo pregunté cuáles serían las consecuencias de tal acción, me dijeron que mi hijo sería expulsado si se defendía peleando. Podrás imaginar mi confusión y frustración.

Es asombroso cuán rápidamente podemos pasar de pacificador a tener una reputación de violencia. Este es exactamente el dilema para Dios, quien en el Antiguo Testamento se presenta constantemente como un Dios de guerra y violencia. Del modo en que se dice, Él es al mismo tiempo el Creador de la guerra y un instigador de violencia. La realidad es que somos nosotros quienes introdujimos la violencia en la historia humana. Somos nosotros quienes llevamos la guerra en nuestros corazones. Dios literalmente ha manchado su reputación decidiendo traer paz en medio de nuestra violencia. Si el mundo estuviera en paz, Dios no la interrumpiría con guerra; debido a que el mundo está en guerra es que Dios la interrumpe para traer paz. La única razón por la que Dios está en guerra es que pelea por nosotros. Sí, Dios es un guerrero; Él es un guerrero de paz. Dios siempre peleará por lo bueno, lo hermoso y lo verdadero.

Dios no es un Dios de guerra; Dios es un Dios de paz. Cuando estamos en guerra, vivimos por debajo de la intención de Dios para nosotros. Las guerras de la humanidad hacen guerra contra el propósito de Dios en el mundo. El Dios de paz no se quedará sentado sin hacer nada viendo cómo nos destruimos unos a otros. Él no nos perderá debido a nuestra propia violencia, sin antes pelear. Con frecuencia culpamos a Dios por involucrarse en las guerras de los hombres y, sin embargo, la realidad es que para poder participar en la historia humana Él tuvo que entrar en nuestra violencia y pelear por la paz. Y vale la pena pelear por la paz en la tierra.

Jesús conoce la condición del corazón humano, y que debido a nuestra condición siempre enfrentaríamos conflictos y siempre habría sufrimiento. Él sabe que los estándares de este mundo han caído muy por debajo de la intención del Padre para toda la humanidad, y por eso nos llamó a un nuevo camino. Él nos llamó a escoger la paz como nuestro poder.

Jesús dijo: "Si alguien te pone pleito para quitarte la camisa, déjale también la capa".[15] Como si no fuera lo bastante difícil escoger la paz por encima de la represalia, Jesús también quiere que devolvamos generosidad a cambio de codicia. Parece que a estas alturas habríamos aprendido que no puede ponerse fin a la violencia con más violencia, pero creo que pocos de nosotros hemos entendido que solamente la generosidad puede vencer a la codicia.

Muchas veces nos sentimos impotentes cuando alguien nos ha arrebatado algo. Es fácil sentir que el único modo de reclamar nuestro poder es tomar lo que se perdió e incluso más a cambio. Sin embargo, Jesús nos llama a un camino diferente. Nadie puede robarte lo que tú das libremente. Vive tu vida con manos abiertas. Da más de lo que otro puede arrebatarte. Como Jesús les dijo a sus discípulos: "Si alguien te obliga a llevarle la carga un kilómetro, llévasela dos".[16]

Él los desafió: "No resistan al que les haga mal. Si alguien te da una bofetada en la mejilla derecha, vuélvele también la otra".[17] Esto no era un llamado a estar indefenso, sino a encontrar un poder más grande que devolver mal por mal. Se requiere una gran fuerza para volver la otra mejilla. Volver la otra mejilla significa que asimilaste la fuerza ruda del trauma de lo peor de otra persona, y seguiste de pie.

Este no es el camino del débil; este es el camino del guerrero. Es un llamado a elevarnos por encima de nuestros instintos más primarios, a soltar la venganza y la represalia, y a no engañarnos y creer que la ira es una fuente de poder. El guerrero escoge honor e integridad, y no se rebajará a la norma de quienes querrían llevarlos hasta su nivel.

La imagen de volver la otra mejilla estaba abundantemente clara para la audiencia hebrea de Jesús en el primer siglo. A menudo, sus captores romanos les abofeteaban o los golpeaban para intentar provocar una respuesta airada. Si cualquiera de ellos golpeaba a un soldado romano, le habría costado la vida a ese cautivo. Solamente el controlarse evitaría que alguien cayera en ese tipo de trampa.

Se requiere ser una persona de gran fortaleza para mostrar control y confiar en que Dios será su protector. Sin embargo, además de soportar abuso a manos del soldado romano, los oyentes de Jesús tenían que ser precavidos con su propio pueblo. Algunos de los hebreos del primer siglo que estaban en alianza con el Imperio Romano demandaban ilegítimamente a sus compatriotas con el propósito de obtener beneficio financiero. Eso creaba una división mayor aún en una época de grandes desavenencias, y hacía que su propio pueblo fuera un enemigo. Ahora Jesús les daba una estrategia inesperada para poner fin a la enemistad entre sus propias familias y amigos. Dar más de aquello que se te reclama; esta habría sido una estrategia inaudita.

Quizá la mayor indignidad en aquella época era cuando un soldado romano obligaba a un joven hebreo a transportar la carga que su caballo podía manejar fácilmente. Los romanos frecuentemente consideraban a los hebreos tan solo como caballos o perros. Ellos no eran considerados verdaderamente humanos. Legalmente, los soldados romanos tenían poder para hacer que los hebreos transportaran sus cargas durante un kilómetro. Después, los enviarían de nuevo a actividades cotidianas en humillación. Jesús dio a sus oyentes una manera inesperada de reclamar su fuerza, de reclamar su poder, de proclamar su libertad: "Si alguien te obliga a llevarle la carga un kilómetro, llévasela dos". Escoger el servicio por encima de la obligación, ser servicial por encima de la esclavitud. Si te obligan a trabajar, entonces confúndelos con una sabiduría mayor. Nunca olvides que siempre eres libre para hacer más.

Conoce tu poder

El camino de la paz no es un llamado a la pasividad. El camino de la paz no es un llamado a la impotencia. El camino de la paz es un llamado a conocer el poder de uno mismo. Jesús expulsó del templo a los cambistas de dinero. La Biblia nos dice que hizo un látigo con cuerdas, volcó sus mesas y los expulsó de allí. No iba a permitirles que se fueran con el dinero que habían ganado.[18]

Pocas veces pensamos en Jesús imponiéndose físicamente. Con frecuencia, se le representa más como un idealista pasivo en lugar de un guerrero de paz. Sin embargo, en la limpieza del templo se nos recuerda que Jesús sabía que la paz no llegaría sin una batalla, y no llegaría sin un costo. El camino de la paz no es para los débiles o los débiles de corazón. El guerrero conoce su poder, y sabe que su mayor arma es la paz. Y a pesar de las muchas guerras que se librarán a nuestro alrededor, la mayor batalla por la paz siempre estará en nuestro interior. Cada batalla se pelea primero en el interior. Jesús nunca se sintió impotente; Él era el epítome de la fuerza controlada. Aunque siempre era manso, nunca fue débil. Conocía su poder, pero nunca abusó de él.

El guerrero sabe que la paz no viene del control, sino de ceder el control. Todo lo que en la vida intentes controlar y que está fuera de tu control te robará tu paz. Debes decidir aferrarte a lo que puedes controlar, y soltar lo que no puedes controlar.

Tú no puedes controlar tus circunstancias, pero tú puedes controlar tu carácter.

Tú no puedes controlar las acciones de otros, pero tú puedes controlar las elecciones que tú haces.

Tú no puedes controlar el resultado, pero tú puedes controlar el proceso.

La batalla por la paz requiere que tú tomes el control y también renuncies al control. La paz mental no llega porque hayas eliminado la incertidumbre, sino porque tienes claridad acerca de lo que es importante. La paz llega cuando dejas de intentar controlar el mundo que te rodea, y en cambio te haces responsable de tu mundo interior. La paz interior está interconectada con tu confianza en posibilidades futuras. En otras palabras, la paz está íntimamente conectada con la esperanza. La paz se pierde cuando te estás ahogando en los peores escenarios; la paz mental no se trata de certeza, sino de misterio lleno de esperanza.

El guerrero tiene paz mental porque sabe que siempre hay un camino para encontrar la luz, incluso en medio de la oscuridad más grande. Sabe que siempre se puede hallar esperanza, incluso en la desesperación. La paz puede existir en medio de la confusión solamente si crees en la belleza del futuro. La paz ve la belleza en todo lugar. Cuando caminas en paz, eres abrumado por la maravilla del universo y la belleza de la vida.

La batalla en el interior

Era 15 de diciembre de 2016 cuando mi esposa Kim y yo estábamos sentados en la consulta del médico y le escuchamos decir que yo tenía cáncer. De hecho, fue durante mi libro anterior, *La última flecha,* cuando recibimos esta terrible noticia. Terminé ese libro preguntándome si sería el último que escribiría. El peso de tus propias palabras te golpea con mucha más fuerza cuando sabes que quizá pueden ser las últimas.

El 15 de enero de 2017 compartí públicamente por primera vez acerca de mi batalla personal, y debo decirte que no es fácil pelear una batalla privada ante el ojo público. Todo sucedió muy rápidamente. Por mucho tiempo yo había sabido que algo iba mal en mi cuerpo, pero realmente no sentí que fuera real hasta que lo diagnosticaron. Es un poco irónico, si lo piensas, que podrías tener cáncer carcomiendo tu cuerpo y nunca tienes miedo porque no sabes que está ahí. ¿Es el cáncer lo que es tan aterrador, o es el conocimiento de que lo tienes?

Uno nunca sabe cómo va a reaccionar. Sin duda, yo no tenía ni idea de cómo serían esos días para mí. Fue dos días después, el 17 de enero, cuando ingresé voluntariamente en el hospital Huntington Memorial y permití que los cirujanos hicieran todo lo posible por salvarme la vida. Recuerdo compartir con mi familia que me estaba dando permiso a mí mismo para sentir lo que necesitara sentir. No había tiempo para fingir y no había ninguna razón para desperdiciar los que podrían ser mis últimos días ocultándome de mis sentimientos más profundos, lo cual en esencia dejó fuera a las personas que más quería. Si no eres honesto contigo mismo, no puedes ser honesto con nadie más. Cuando nos cerramos a nuestro dolor y nuestras luchas interiores, inevitablemente nos cerramos también a todas las personas que hay en nuestras vidas.

Decidí que si sentía enojo, iba a estar enojado. Si sentía temor, iba a estar temeroso. Simplemente iba a permitirme a mí mismo ser humano. Tenía la seguridad de que eso estaría bien ante Dios y que Él lo entendería si yo no estaba a la altura de las expectativas de otros.

Sin embargo, sucedió lo más extraño: nunca sentí enojo, nunca sentí amargura, y nunca sentí temor. Después de todo, ¿cómo podía estar enojado cuando había vivido una vida tan extraordinaria? ¿Cómo podía estar amargado cuando había conocido mucho más que mi parte de bondad? Aun así, con todo eso, lo que más me sorprendió fue que no sentía temor. Sabía que sería perfectamente aceptable, y de hecho esperado, que sintiera temor. Incluso comencé a preguntarme si me pasaba algo porque no sentía temor. Mi mayor descubrimiento al enfrentar el cáncer fue que en realidad había llegado a conocer la paz. Y aunque puedo decirte con total certeza que la fuente de esa paz fue Jesús, sin ninguna duda, sería negligente si no dijera también que el proceso hacia encontrar esa paz no fue tan sencillo. El camino del guerrero es en gran parte el viaje hacia llegar a conocer este tipo de paz. Estoy convencido de que muchas personas han perdido su fe en Dios porque han confundido la fuente con el proceso. Sí, Dios es la fuente de toda paz, y esa fuente está a disposición de todos nosotros gratuitamente. El proceso, sin embargo, requiere lucha y resiliencia, y no llega sin un costo.

Ahora bien, no me malentiendas. Sentía tristeza por la pérdida potencial; no la pérdida de mi vida, sino de las cosas que no llegaría a compartir. Quería pasar más años con mi hermosa esposa, Kim. Quería ver a mi hijo Aaron casarse algún día, eso espero, ¡por favor, Dios! Quería vivir el tiempo suficiente para verlo prosperar y entrar en la fuerza plena de sus dones de liderazgo. Quería ver crecer a sus hijos y que le causaran un gozo sin medida. Quería estar ahí para ver a mi hija Mariah, y a su esposo Jake, prosperar en sus carreras profesionales; ver su música viajar por todo el mundo; y quizá algún día verlos tener hijos propios. Hay muchas cosas en esta vida que amo, y habría sido difícil decirles adiós. Pero eso es distinto al temor. El temor es paralizante y te roba la vida. El temor es el enemigo de la paz.

La cirugía iba a durar dos horas, pero duró más de seis. Mi cirujano explicó que parte de la razón por la que tomó tanto tiempo fue el alcance del cáncer y el trabajo inesperado de tener que extirpar una gran cantidad de tejido cicatrizal de cuando tuve una ruptura del apéndice cuando era pequeño. Imagina descubrir cuarenta y seis años después que te había estallado el apéndice cuando tenías doce años.

Lo único que recuerdo cuando tenía esa edad es agitación. Recuerdo estar totalmente desconectado del mundo que me rodeaba. Recuerdo cuando mis padres, sin saber cómo ayudarme, me consiguieron consejería profesional. Recuerdo entrar y salir de una consulta de psiquiatría y de un hospital para realizarme una batería de análisis que pudieran descubrir que no había nada malo en mí. Decidieron hacer una cirugía exploratoria. Me dijeron que la causa de mi dolor era psicosomática y, al final, que todo estaba bien en mi cuerpo.

Nunca supe que dos cirugías separadas por más de cuarenta años en el tiempo de algún modo estarían tan interconectadas. Me pasé la mayor parte de cuarenta años creyendo que no hubo nada incorrecto en mi cuerpo, que la cirugía fue una pérdida de tiempo, y que el dolor estaba en mi cabeza. La cirugía para extirpar solamente mi cáncer también se convirtió en la cirugía que extirpó el tejido cicatrizal que había estado ahí por más de cuatro décadas.

Me resultó una ironía extraña el saber que en realidad *sí hubo* algo físicamente erróneo en mi cuerpo. Siempre había pensado que fue solamente psicológico, pero resultó que no todo estaba en mi cabeza. Yo había vivido más de cuarenta años con cicatrices que no sabía que estaban ahí y, sin embargo, no fueron las cicatrices las que me dejaron dañado. Hubo cicatrices mucho más profundas de las que podría haber causado un bisturí de cirujano. En algún momento en mis primeros años, mucho antes de cuando debería haberle sucedido a cualquiera, mi alma se encontraba en desorden.

No sé cuándo sucedió, pero temprano en mi vida perdí la paz. La mayoría de los recuerdos de mi niñez están llenos de pesadillas, con una sensación abrumadora de desesperación y ansiedad. En aquel entonces no había realmente un lenguaje para aquello, pero yo estaba en una pelea por mi vida mientras me ahogaba en la depresión y la desesperanza. Por lo tanto, no te imaginas cuán inesperado fue que al enfrentar el cáncer yo no sintiera ninguna de esas cosas que había sentido tan profundamente cuando era mucho más joven y mucho más frágil. Puedo decirte que es más que una teoría y más que una aspiración. No solo puedes conocer la paz, sino que también puedes estar en paz. Y mientras el mundo que te rodea está enfurecido, tu mundo interior puede conocer una extraña tranquilidad y una calma inesperada.

Ponte de pie en tu dolor

Eran alrededor de las nueve de la noche cuando finalmente me llevaron en silla de ruedas a la habitación del hospital para comenzar mi recuperación tras la cirugía. La operación había requerido que hicieran seis agujeros en la zona alrededor de mi abdomen mientras un robot llamado "da Vinci" cortaba las células cancerosas y se aseguraba de dejar intactos todos los órganos sanos. Fue exactamente tres horas después, a medianoche, cuando me desperté y decidí que daría un paseo. Desperté a mi esposa y le pedí que me ayudara a bajarme de la cama. Ella no quería cooperar –para decirlo suavemente– así que llamé a la enfermera y le dije que estaba listo para levantarme de la cama y comenzar el proceso de rehabilitación.

Mi esposa y la enfermera insistieron en que era una mala idea, que acababa de salir hace seis horas de cirugía y necesitaba darme a mí mismo tiempo para curarme. De modo que le pregunté a la enfermera sin rodeos: "¿Hay realmente algún daño más que podría causar si me levantara de la cama y comenzara a caminar?". Ella admitió que no había nada dañino en caminar, pero que sería terriblemente doloroso. Por lo tanto insistí, y mi pensamiento no iba a cambiar.

Entonces la enfermera pasó a una segunda estrategia. Si no podía mantenerme en la cama, al menos necesitaba asegurarse de que estuviera medicado. Me animó a que le diera unos momentos para administrarme analgésicos de modo que el dolor no me abrumara. Por alguna razón lo tenía muy claro en mi mente. Le miré y le expliqué que el objetivo era sentir dolor, que no le permitiría administrarme analgésicos. Entendía que eso podría suponer más dolor del que yo podría soportar, y pasé a explicar que sabía que si podía soportar ese dolor, podría soportar cualquier otro dolor que me esperara más adelante, de modo que a regañadientes la enfermera y mi esposa me ayudaron a levantarme de la cama.

Me puse de pie, y creo que en este caso sería literal decir que quise gritar con todas mis fuerzas. El primer paso fue insoportable, y el segundo paso aún más. El tercer y cuarto pasos fueron implacables, y el quinto y el sexto despiadados. Me gustaría poder decirte que Dios intervino de algún modo ese momento y me hizo no ser consciente del dolor, pero si hubo algo, el regalo que Dios me hizo fue hacerme más consciente de ello. Estuve de pie en medio de mi dolor. Entré en mi dolor. Caminé a través de mi dolor. Una cosa de la que estaba seguro era que al otro lado de mi dolor me esperaba mi libertad.

Muchos de nosotros vemos el dolor como la frontera de nuestras limitaciones. Cuando experimentamos dolor, es ahí cuando decidimos detenernos. Hemos confundido conocer la paz con convertirnos en prisioneros. El camino de la paz no carece de dolor. El camino de la paz llega solamente caminando a través del dolor.

Nunca olvidaré salir fuera de aquella habitación con un catéter unido a mi cuerpo y caminar durante unos minutos por ese pasillo hasta que lo que antes sentía que era insoportable, era ya solamente una parte de quien yo era. Tres horas después, me obligué a levantarme otra vez y caminar más lejos de lo que había llegado antes. A las ocho de la mañana, cuando observé que había un cambio de turno de enfermeras, me levanté de la cama, agarré mi ropa, fui al baño y me di una ducha, y me vestí para irme. Cuando mi esposa regresó después de tomarse un pequeño respiro, yo estaba vestido y preparado para irme. Fue necesaria mucha negociación para que me dieran el alta del hospital, ya que en las mentes de las enfermeras yo seguía siendo un paciente. Pero no quería ser su prisionero. Tuve que caminar a través de mi dolor, y estaba preparado para caminar a la libertad.

Ha pasado algún tiempo desde que salí por aquellas puertas y, francamente, cuando escribo sobre tener cáncer tengo la sensación de estar hablando de la vida de otra persona. Desde aquel tiempo he conocido a muchas personas que han atravesado retos similares mucho peores que el mío. Y desde mi batalla contra el cáncer, he tenido un número interminable de batallas de distintos tipos. Y esto sigue siendo cierto: en seguida después de la batalla que acaba de ser librada, otra batalla está a la espera.

Por cada guerra por la que has sangrado y has ganado, hay otra guerra a la espera de alcanzarte. No hay camino en esta vida donde puedas escapar a esas cosas que harán guerra contra tu paz. Incluso Jesús, el Príncipe de paz, sabía que su camino le llevaría a la agonía y el sufrimiento. Incluso para Jesús, no hubo escape alguno de la guerra que se libra dentro del espíritu humano. Sin embargo, en el momento más violento de su vida, cuando llevó sobre sí mismo los pecados del mundo en la cruz en medio de la brutalidad, abrió el camino para que nosotros conozcamos la paz. Este es el camino del guerrero: no que huyamos de nuestro sufrimiento, no que retrocedamos ante los sacrificios que se demandan de nosotros, sino que en medio de ello, independientemente de lo que ocurra a nuestro alrededor, estemos en paz.

Jesús dijo que siempre habría guerras y rumores de guerras.[19] Su historia tristemente ha demostrado que Él tenía razón. A nuestro alrededor se producen guerras: nación contra nación, tribu contra tribu, personas contra personas, hermano contra hermano. La historia humana es como un incendio fuera de control. Parece que la violencia siempre se propagará y que la paz siempre nos eludirá. Sin embargo, Jesús estaba igualmente convencido de que conocía el camino de la paz y que esa paz al final se posicionaría como victoria.

Para que terminen las guerras, tendría que llegar el final de la violencia.

Para que cese la violencia, tendría que llegar el final del odio y la codicia.

Para que el odio y la codicia respiraran su último aliento, el perdón y la generosidad tendrían que ocupar sus lugares.

Donde hay paz, no hay temor. Donde hay temor, no hay paz. Por lo tanto, dentro de nuestros corazones comienza el viaje por la paz. Por eso debemos enfrentar nuestros temores, permanecer en nuestro dolor, y caminar con valentía hacia la incertidumbre y el misterio de un futuro mejor.

Puede que parezca algo pequeño, pero cuando te levantas en la mañana y enfrentas tus temores, estás participando en la redención del universo. Cuando te niegas a permitirte a ti mismo ser paralizado por la incertidumbre del mañana y prosigues con valentía y fe, llegas a ser parte de crear un mundo nuevo, un mundo mejor.

La paz que tu alma anhela es precisamente la paz que el mundo necesita. No puedo hablar de paz y no hablar de Jesús, porque es tan solo Jesús quien nos dirige hacia el camino de la paz. El camino de Jesús es el camino del guerrero.

Es Jesús el guerrero de la paz. No hay distintos tipos de paz, solamente distintos contextos donde puede encontrarse la paz. Cuando has ganado la batalla por la paz interior, ahora llevas en tu interior lo que el mundo necesita desesperadamente. Es solo cuando tienes paz interior que puedes llevar paz a un mundo en guerra consigo mismo. El guerrero pelea por la paz.

CÓDIGO 2

El guerrero busca volverse invisible

El guerrero no necesita que lo vean; es más poderoso cuando es invisible. Es imposible derrotar a un enemigo que no podemos ver o desarmar a un guerrero cuya arma nunca parece atacar. El guerrero sabe que los oponentes menores dependen de espadas, arcos y flechas, pero el arma del guerrero es su sabiduría.

Es difícil definir la sabiduría, pero es fácil identificarla; no puede ser comprada ni fácilmente ganada. Puedes dominar a un enemigo y aun así morir como un necio. Aunque hay muchas expresiones de sabiduría, para nuestros propósitos la definiremos como la habilidad de producir paz. Cuando el guerrero es sabio, pelea solamente por la paz. La prueba de su victoria es que ha creado un mundo donde prevalece lo bueno, lo hermoso y lo verdadero. El necio es el enemigo de la sabiduría. El necio es impulsado por la codicia, el poder y la violencia. El necio usa sus armas para dañar, herir y destruir. El guerrero empuña un arma solamente para defender, proteger y liberar.

El guerrero no empuña un arma; él *es* un arma. Su fuerza no viene de las armas que sostiene, sino de la sabiduría que se ha apoderado de él. El novato cree que su poder radica en ser visto; el guerrero entiende que es más poderoso cuando es invisible. El camino del guerrero no es una senda hacia la guerra, sino una senda hacia la sabiduría. El guerrero sabe que no ha aprendido todo, pero sabe todo lo que necesita aprender.

La sabiduría es la mayor arma del guerrero. Cuando tienes sabiduría, nunca estás desarmado, nunca estás indefenso, y nunca estás impotente. Necesitas habilidad para saber cómo disparar una flecha que vaya recta, pero solo la sabiduría puede enseñarte cómo no necesitar dispararla nunca. La sabiduría no es el resultado de haber aprendido suficiente; llega cuando sabes que nunca se aprende lo suficiente.

La sabiduría es menos como un océano profundo y más como la fuerza de un río. El poder del río está en su habilidad para adaptarse a su ambiente, cambiar su curso cuando es necesario, y aun así encontrar siempre su camino hacia su destino. El río nos recuerda que no siempre la senda recta es la que nos conduce hacia donde debemos ir. El serpenteo de un río podría hacerte pensar que ha perdido su intención; sin embargo el río, por mucho que se tuerza, y tan a menudo como pueda cambiar su curso, siempre avanza hacia su destino intencionado.

El guerrero es como un río, con movimientos fluidos y adaptables. El guerrero no es rígido ni inmutable. El guerrero no es como una piedra que no puede romperse, sino como el agua que incluso cuando se separa en dos no puede ser dividida. No es un arma lo que hace de ti un guerrero; es tu sabiduría.

Modo de sigilo

Mi abuelo era un hombre a quien podría describirse como una persona de baja estatura y un hombre de gran peso. Imagino que así es como describían a Napoleón. Él era una de esas personas inusuales que, aunque nunca llegó a ser muy alta, tenía una presencia que llenaba la sala siempre que entraba. Hay algunas personas que parece que no hacen nada para obtener nuestra atención y, sin embargo, la sala se inclina en dirección a ellas siempre que entran.

Un hombre llamado Hermanindo de Cardona estaba acostumbrado a llevar el peso del poder y la influencia. En una nación donde los pobres son cada vez más pobres y los ricos son cada vez más ricos, él desafió todo pronóstico y se elevó por encima del estatus de su nacimiento, usando su destreza intelectual para llegar a ser un oficial de alto nivel del gobierno en la nación de El Salvador. Siempre estaré en deuda con él por haber moldeado quién soy yo. Él me enseñó a jugar al ajedrez cuando tenía tres años, extendía mapas y me explicaba la deriva continental cuando yo tenía cinco años, y me enseñaba sobre la economía global antes de cumplir los diez.

Una de las cosas curiosas acerca de mi abuelo era el modo en que él estaba de pie y se movía cuando estaba en una habitación. Recuerdo que una vez me dijo que nunca me apoyara contra una pared porque era una señal de debilidad, y que en cambio siempre estuviera erguido. También recuerdo cuando se acercaba a los cien años de edad y se negaba a dejarme que lo ayudara a subir y bajar escaleras, insistiendo en que tenía que hacerlo él solo.

Una de las cosas divertidas sobre mi abuelo es que siempre le resultaba entretenido moverse tan sigilosamente que nadie se daba cuenta de que él había entrado en la habitación. Le encantaba poder entrar en una habitación, aparentemente invisible para todos los que estaban allí, y quedarse de pie en silencio hasta que alguien se daba cuenta de que había estado ahí todo el tiempo. Mi abuelo me enseñó el poder de ser invisible, de no atraer demasiada atención hacia uno mismo, de ahorrar movimientos y atravesar el sonido.

El guerrero entiende que su mayor poder está en lo que no se ve. Mucho antes de que el guerrero sea visto u oído, debe ser sentido. El mayor de los guerreros gana batallas sin que su oponente ni siquiera sepa que se ha librado una guerra. Aunque otros puede que vean tu habilidad con una flecha o tu pericia con una espada, nunca debes olvidar que tu mayor arma es la sabiduría.

Hace años emprendí la tarea de describir la esencia de la sabiduría en mi libro *Uprising* (Despertar):

> Un componente esencial de la sabiduría es la capacidad de llegar a lo fundamental. La sabiduría siempre encuentra un camino entre el caos en que convertimos la vida. No encuentra el camino más fácil, sino el camino marcado por las huellas de Dios. La sabiduría sabe que las sendas antiguas nos conducirán a un futuro divino. La sabiduría es el producto de una imaginación sagrada. La sabiduría conoce el camino hacia la libertad. Donde hay sabiduría, siempre hay esperanza. La sabiduría simplifica. La sabiduría clarifica. La sabiduría desenreda. La sabiduría

> desencadena. La sabiduría ilumina. La sabiduría libera. Al final, la sabiduría nos ilumina para vivir vidas de nobleza.[20]

Esta es la expresión más alta de la sabiduría: vivir nuestras vidas para otros en lugar de para nosotros mismos. El necio vive para consumir todo lo que puede obtener del mundo. El sabio vive para crear un mundo mejor. El camino del guerrero es escoger la senda de la nobleza. El guerrero también entiende que la sabiduría es obtenida, no en un momento, sino en un número interminable de momentos en los cuales deben hacerse elecciones. La senda hacia la sabiduría no se recorre por pasos, sino por elecciones. Cuando decides tomar, escoges la senda del necio; cuando decides dar, escoges el camino del sabio.

El guerrero nunca pelea a causa de la ira; pelea solamente por honor. Nunca pelea para conquistar; pelea solamente para liberar. El guerrero pelea contra el mal para que el bien pueda prevalecer. La sabiduría es revelada por lo que lucha una persona. Si peleas por ti mismo, te has entregado a algo demasiado pequeño. El guerrero pelea contra la injusticia, contra la pobreza, contra la desesperanza, contra la depresión.

La sabiduría del guerrero establece sus enemigos y también sus batallas. Solamente el necio pelea batallas que no vale la pena pelear o que no vale la pena incluso ganar. Debido a su sabiduría, el guerrero no participa en batallas que no deberían pelearse; y al mismo tiempo no se retira de batallas que deben pelearse. Esta es la verdadera sabiduría del guerrero. El guerrero puede ganar las batallas en las que incluso los más fuertes solamente han conocido derrota; por eso el guerrero nunca está impotente. Puedes intentar arrebatarle todas sus armas terrenales, pero no puedes quitarle su sabiduría. Y como el guerrero ha aprendido el camino de la sabiduría, nunca está impotente.

Liderazgo invisible

Salomón fue el hombre más sabio que haya vivido jamás, y una vez vio que era tan grande la sabiduría, que le asombró incluso a él mismo. Escribió en sus anales, conocidos como Eclesiastés:

> También vi en este mundo un notable caso de sabiduría: una ciudad pequeña, con pocos habitantes, contra la cual se dirigió un rey poderoso que la sitió, y construyó a su alrededor una impresionante maquinaria de asalto. En esa ciudad había un hombre, pobre pero sabio, que con su sabiduría podría haber salvado a la ciudad, ¡pero nadie se acordó de aquel hombre pobre! Yo digo que «más vale maña que fuerza», aun cuando se menosprecie la sabiduría del pobre y no se preste atención a sus palabras.
> Más se atiende a las palabras tranquilas de los sabios que a los gritos del jefe de los necios. Vale más la sabiduría que las armas de guerra. Un solo error acaba con muchos bienes.[21]

No se nos dan muchos detalles sobre la vida de este hombre desconocido o las circunstancias en las que Salomón lo descubrió. Y es curioso que de todos los distintos encuentros en la vida de Salomón, este le resultó ser la expresión más noble de sabiduría. Yo supondría que él llegó a conocer a muchos grandes reyes y reinas. Él se sentaba a la mesa y compartía comidas con las mujeres y los hombres más poderosos de su tiempo. Él tenía acceso a los mayores pensadores, los filósofos más profundos, y los artesanos más hábiles que el mundo había conocido jamás. ¿Por qué Salomón encuentra aquí una sabiduría que lo asombra?

Salomón está descrito como el hombre más sabio que haya vivido jamás; pero lo que él nunca fue capaz de saber era cómo se habría visto su sabiduría sin su riqueza, poder y estatus. Su sabiduría siempre sería considerada con el punto de vista aventajado de su estatura. Salomón entendía el poder de la sabiduría cuando se combinaba con riqueza, posición y poder. Aquí en este momento, él podía ver el poder de la sabiduría despojada de ventajas; aquí, Salomón vio el poder del liderazgo invisible.

La Escritura nos dice que era "una ciudad pequeña, con pocos habitantes", lo cual significa que era una ciudad muy distinta a Jerusalén. No era un epicentro de poder e influencia; era una ciudad desconocida. De hecho, podría describirse mejor como un pueblo. Y en esa ciudad había pocos habitantes. No era una metrópolis bulliciosa con actividad y comercio constantes, pero por alguna razón un rey decidió conquistarla. Un rey amenazante y poderoso rodeó de repente la pequeña ciudad, construyó a su alrededor una impresionante maquinaria de asalto de modo que nadie podía entrar y nadie podía salir, y finalmente conquistó la ciudad y la tomó cautiva.

Los detalles están omitidos, pero las implicaciones son claras. Es poco probable que incluso esta ciudad cayera sin luchar. Tuvo que ser un momento lleno de pérdida y dolor, con desesperanza y desesperación. Aquellos jóvenes que se habían entrenado durante toda su vida para proteger su ciudad y a sus ciudadanos habían fracasado en sus esfuerzos. Su sangre llenaba las calles. El lloro y el clamor de huérfanos y viudas debieron haber provocado un sonido ensordecedor al otro lado de las puertas de la ciudad. Sin embargo, en esa ciudad vivía un hombre que era pobre, pero sabio. Estoy convencido de que eso fue lo que captó la atención de Salomón. Salomón nunca había sabido lo que significaba ser pobre. Él siempre tuvo acceso a todos los recursos que pudiera necesitar o desear. Pero este hombre no tenía nada a su disposición; ni riqueza, ni poder, ni posición, ni armas, ni tampoco ejército. Solamente tenía a su disposición sabiduría, y salvó a su ciudad con su sabiduría.

¿Puedes imaginar salvar una ciudad sin tener nada en tus manos excepto la sabiduría que has obtenido y has guardado en tu corazón? Salomón no nos dio los detalles de cómo se hizo aquello; quizá nunca lo supo. Tal vez era incapaz de ver cómo fue posible, y solo podía ver las condiciones y el resultado. Lo que más parecía inquietar a Salomón fue que nadie recordaba a ese hombre pobre, lo cual podría explicar por qué permanece anónimo. Salomón probablemente utilizó todos sus recursos para intentar descubrir la identidad de ese hombre pobre que liberó a toda una ciudad, pero a quien nadie recordaba. Es casi como si él fuera invisible: nadie lo vio, nadie lo escuchó, pero nadie podía negar lo que él había hecho.

Desde aquí, Salomón llegó a una conclusión profunda que nunca podría haber conocido por su propia experiencia personal: la sabiduría es mejor que la fuerza. Lo que Salomón no estaba haciendo aquí es crear una dicotomía entre sabiduría y fuerza. Sabiduría no es lo contrario de fuerza, ni tampoco es la ausencia de fuerza. Podría ser justo decir que sin sabiduría, la fuerza se convierte en debilidad. Pero lo que Salomón estaba descubriendo es que la sabiduría tiene su propio poder.

Durante casi diez años de mi vida trabajé en uno de los distritos más violentos de los Estados Unidos. Por años, mis patrones diarios me situaban cerca del mundo de los cárteles de las drogas y de algunas de las personas más violentas del mundo y, sin embargo, ni una sola vez llevé una pistola, ni ningún arma, por eso. No sería posible comenzar a contar el número de veces en que estuve en medio de un encuentro intenso entre la policía y personas sospechosas de actividad delictiva. Hubo numerosas veces en que se evitó la guerrilla entre pandillas simplemente porque decidimos interponernos entre las dos partes. Lo único que necesitaban esos momentos para explotar era que una persona perdiera la calma y apretara el gatillo.

En cada una de esas situaciones, el ambiente era ya inestable y la violencia era la norma. Habría sido fácil justificar que yo tenía que protegerme y llevar también un arma; sin embargo, la única razón por la que sigo con vida y escribo estas palabras en este momento es que todas mis armas eran invisibles. Incluso en las circunstancias más volátiles, estaba convencido de que la sabiduría podía producir paz, aunque fuera solo por un momento.

En un ambiente mucho menos dramático, comprobé que era cierto este principio como esposo y padre. Permanecer casado por treinta y cinco años requiere algo más que amor; requiere sabiduría. Sin importar cuánto ames a alguien, inevitablemente tendrás conflictos y desacuerdos. La sabiduría entiende que es menos importante ganar una pelea o un punto de vista de lo que es ganarse a la persona. La sabiduría sabe que nunca deberías luchar contra las personas; deberías luchar por ellas. ¿Qué caso tiene ganar una pelea si pierdes a la persona? Cuando amas a alguien, la verdadera pelea es seguir ganándote a esa persona.

Este es el camino del guerrero: no simplemente que la sabiduría es mejor que la fuerza, sino que la sabiduría *es* nuestra fuerza. Atacar con una espada como un necio es solamente añadir a la violencia. La sabiduría nunca busca herir excepto para sanar. La sabiduría nunca anhela la guerra, sino la paz.

Casi podemos sentir la tensión que estaba desgarrando el alma de Salomón. Escuchó sobre un hombre pobre que liberó a toda una ciudad utilizando tan solo sabiduría, mientras que él era el hijo del rey David, un hombre de guerra. De hecho, la razón por la que Salomón recibió el encargo de construir el templo fue que su padre tenía sangre en sus manos. Lo único que Salomón había conocido jamás era una historia de violencia, pero esa violencia fue precisamente la razón por la cual Salomón heredó un periodo de paz.

Podríamos preguntarnos por qué Dios se involucraría en las guerras de los hombres, y sin embargo la realidad es que esta es la única historia que tenemos. La historia humana es una historia de guerra. Dios interviene en un mundo quebrantado y entra en nuestra violencia, sabiendo que solamente Él puede traernos paz.

Cuando Salomón miró con más atención el efecto posterior de la vida del hombre pobre, se dio cuenta de que no solamente el hombre había sido olvidado, sino que después que él aseguró la libertad de su ciudad, el pueblo despreció su sabiduría y ya no deseaba escuchar lo que él tenía que decir. Salomón vio en ese momento que la sabiduría es mejor que las armas de guerra, aunque también quedó totalmente claro para él que la sabiduría no conlleva promesa alguna de fama, reconocimiento o incluso respeto. La cosa más peligrosa del mundo es poner armas en las manos de los necios, y la fuerza más poderosa del mundo es la sabiduría que hace que depongamos nuestras armas.

Las palabras tranquilas de los sabios son más poderosas que los gritos de un gobernante de necios. Hemos llegado a confundir la habilidad para hacer ruido con el poder de tener una voz. El necio se siente poderoso porque tiene un arma en sus manos; el guerrero sabe que es poderoso cuando sus manos están vacías.

Aunque el camino del guerrero es un camino de paz, tendrás muchas batallas que pelear. Cada batalla requerirá diferentes habilidades y armas. La única arma que siempre debes llevar contigo es la sabiduría, pues es el único recurso inagotable y sin límites. Si llevas contigo la sabiduría, siempre tendrás todo lo que necesitas. En ese sentido, el sabio nunca queda empobrecido. Una de las cosas desconcertantes sobre la riqueza es que si aceptas un reto lo bastante grande, te verás abrumado por tu sensación de pobreza. Cuando persigues una gran misión, inevitablemente sentirás que no tienes recursos suficientes para la tarea.

La riqueza no puede asegurar tu victoria, y la pobreza no puede evitarla. No hay situación más poderosa que ser pobre sin tener otra cosa que sabiduría cuando intervienes para salvar tu ciudad. Un rico necio no es más poderoso que un pobre sabio. Nunca permitas que tu falta de recursos justifique tu falta de ambición. Nunca permitas que la medida de tu riqueza sea la medida de tu vida. Salomón era un hombre que tenía una gran riqueza y también gran sabiduría, pero ahora podía ver claramente que solamente una gran sabiduría asegura el mejor futuro.

Hubo una época en nuestras vidas en la que Kim y yo dormíamos en el piso porque no podíamos permitirnos comprar una cama, pero eso no disminuía nuestro gozo ni robaba nuestra intención. El alcance de nuestros sueños no estaba limitado por el tamaño de nuestros ingresos. Del mismo modo, esa falta de recursos no debe limitar las batallas que peleas. No debes permitirte a ti mismo quedar paralizado por lo que parecen ser circunstancias abrumadoras. Es absurdo que un hombre pobre piense que puede liberar una ciudad entera. ¿En qué estaba pensando? ¿Es que él no podía ver que quienes estaban mejor preparados que él, eran más diestros que él, eran más talentosos que él y más poderosos que él, ya habían fracasado en la búsqueda del mismo resultado? Sin embargo, de algún modo parecía impávido en su determinación de hacer lo que todos los demás seguramente sabían que era imposible.

La historia nos diría que un hombre pobre no podría liberar a toda una ciudad. Los precedentes reforzarían que eso sería una empresa ridícula. Sin embargo, aunque el guerrero es informado por el pasado, no es formado por ese pasado.

El guerrero no es formado por lo que ya se ha hecho y lo que no puede hacerse; el corazón del guerrero es formado por lo que tiene que hacerse.

He vivido el tiempo suficiente para ver pasar cosas que una vez se consideraban imposibles. También he vivido el tiempo suficiente para saber que lo imposible nunca se rinde ante lo posible sin presentar pelea. El hombre pobre en esta historia comenzó sin tener nada; estaba decidido a liberar a toda su ciudad, sabiendo que debía ir a la guerra contra lo que Salomón describió como un rey poderoso. El guerrero sabe que toda gran empresa viene con gran oposición.

Espero que nunca tengas que conocer la violencia de la guerra. Espero que nunca tengas que experimentar la devastación que incontables millones de personas ya han llegado a conocer. Yo provengo de una nación con un historial de violencia. Nací en una ciudad que soporta la carga de tener uno de los índices de asesinato más altos del mundo. Los hijos de El Salvador nunca han tenido el lujo de la niñez. Cuando otros niños sostenían lápices de colorear, esos otros niños sostenían armas.

Mi mayor esperanza sería que todos llegáramos a conocer un día en el que no haya más guerra. Esa esperanza es la razón de que escriba estas palabras y te llame a caminar por esta senda. Este es el poder de la sabiduría: pelear las batallas que más importan para así no tener que enfrentar otra guerra nunca más. Si estudiamos la guerra, es solamente para encontrar nuestro camino hacia la paz. Salomón describió a este hombre pobre teniendo la mayor sabiduría que él había visto jamás no porque fue a la guerra, sino porque encontró un camino hacia la paz.

Hay algunos que pelean batallas sin sentido contra una oposición menor simplemente para confirmar su propia sensación de grandeza. En realidad, una de las críticas más comunes del boxeo profesional es que incluso los mejores boxeadores, tras haber alcanzado el pináculo del éxito, mantienen sus títulos no manteniendo su nivel de destreza y fuerza, sino siendo dirigidos adecuadamente. Cuando ganas el cinturón, el resto de tu carrera se trata menos de mantener tu nivel de grandeza y más de evitar las peleas equivocadas y a los luchadores inadecuados. Esta es una de las razones por las que las carreras en el boxeo profesional terminan a menudo tan mal. Finalmente, llega el oponente inadecuado que se vuelve inevitable, y de repente te encuentras en el cuadrilátero con un luchador hambriento que no tiene respeto alguno por tu leyenda. Él demuestra rápidamente que eres demasiado lento, demasiado viejo, y que ya has dejado atrás tu mejor momento.

El guerrero nunca pelea por sí mismo; pelea solamente por otros. Él nunca utiliza como excusa lo que no tiene, él nunca utiliza la naturaleza abrumadora del reto como vía de escape, y él nunca es sorprendido cuando enfrenta una oposición inesperada e inmerecida.

El enemigo que tenemos tendencia a esperar es como el rey poderoso que llegó y sitió la ciudad. Los enemigos de los que raras veces hablamos son los que están en nuestro interior, esos que nos harían vivir en temor y nos paralizarían tanto que preferimos vivir una vida de opresión en lugar de pagar el precio de la libertad. Esperaríamos que un rey enemigo y sus soldados pelearan contra nuestra revuelta. Las historias que raras veces se cuentan son precisamente las de las personas a las que intentamos liberar, personas que se volvieron contra nosotros porque estamos poniendo en peligro el *status quo*. He llegado a conocer la dolorosa verdad en la vida: la mayoría de las personas prefieren vivir en lo predecible de la cautividad que arriesgarse a la incertidumbre que llega en una lucha por la libertad.

Puede parecer totalmente ilógico, pero en mi experiencia, las personas deprimidas son las que tienen menos probabilidades de estar dispuestas a cambiar cualquiera de sus patrones de vida. En otras palabras, las personas que aborrecen sus vidas son las que menos probabilidades tienen de cambiarlas. Cuando amas tu vida, estás más abierto al cambio. Cuando de algún modo te encuentras en una vida que nunca quisiste, eso tiene un efecto paralizante. Se convierte en una versión sutil del síndrome de Estocolmo, en el que desarrollas una relación poco sana con tu captor y menosprecias a cualquiera que intente liberarte.

He aprendido esta lección por el camino difícil durante los últimos cuarenta años. He intentado demasiadas veces ayudar a personas a salir de vidas que aborrecen para llegar a vidas que podrían amar. El problema es que el cambio no podía llegar sin riesgo. He visto eso mismo una y otra vez. Las personas se quedarán en empleos que aborrecen durante un número de años inimaginable. Se quedarán en relaciones destructivas debido a que el temor a estar solos les parece abrumador. Si no estás viviendo la vida que anhelas y tienes la capacidad de escoger una vida diferente, entonces ¿qué te está impidiendo avanzar hacia tu libertad? ¿Se ha construido alrededor de tu vida una obra de asedio que tiene que ser derribada? La sabiduría del guerrero es tu camino a la libertad.

La sabiduría del hombre pobre no solo tuvo que vencer la destreza militar de ese rey conquistador, sino que también tuvo que liberar a su pueblo del poder paralizante de la opresión y el temor que debió haberse apoderado de sus corazones. Cuando un pueblo es conquistado, no solo pierde sus tierras, hogares y libertad; también pierde sus esperanzas, sus sueños y su futuro. El hombre pobre tuvo que vencer la desesperación con esperanza, y convencer al pueblo de que había un futuro por el que valía la pena pelear. La primera obra de asedio que tendría que ser derribada es la que los mantenía cautivos en temor. Antes de pelear por la libertad, tendrían que decidir vivir libres.

Lo vemos solamente en la repercusión de la vida de este hombre, pero el camino de la sabiduría nunca busca fama, aunque vive para la grandeza. Este hombre era desconocido antes de que comenzara la historia, y fue olvidado cuando la historia terminó. Claramente, si supo cómo liberar a una ciudad, también sabía cómo asegurar su propia fama. A Salomón le importó que él fuera recordado a lo largo de la historia; a Salomón le importó que él no fuera olvidado. Para Salomón, la fama era inseparable de la grandeza. Pero para este hombre pobre que era sabio, para este hombre que había liberado a toda su ciudad, ser conocido parecía poco importante. Y debemos preguntarnos a nosotros mismos: ¿buscamos ser conocidos más de lo que buscamos que valga la pena conocernos?

Mi abuelo podía entrar y salir de una habitación sin ser oído. El hombre pobre entró y salió de la historia sin ser recordado. El mayor guerrero no puede ser oído cuando golpea, no puede ser visto cuando se mueve. Al final, el guerrero no es conocido por sus armas, sino por su sabiduría. Y aunque el hombre pobre fue olvidado rápidamente, lo que hizo nunca fue olvidado. Salomón no pudo descubrir su nombre, pero sus huellas estaban por todas partes. El guerrero vive su vida para dejar un legado y vivir su leyenda.

Cuando somos jóvenes, nos vemos atraídos por la pelea, mucho más que impulsados por el entrenamiento. Nos encanta el sonido de la victoria mucho más que la rutina de la disciplina. Cuando entiendes que la sabiduría es tu mayor fuerza, no descuidas el trabajo necesario para mantenerte afilado. Es Salomón quien también nos recuerda que "si el hacha pierde su filo, y no se vuelve a afilar, hay que golpear con más fuerza. El éxito radica en la acción sabia y bien ejecutada".[22] Demasiadas veces desperdiciamos nuestra fortaleza intentando golpear con más fuerza en lugar de estar más afilados.

Hay una razón por la que me encanta la historia del hombre pobre que liberó a su ciudad. La figura central de esta historia vence precisamente los obstáculos que todos nosotros enfrentaremos. Aunque la de él fue una batalla épica contra un gran imperio, la nuestra puede que sea las batallas comunes de la vida cotidiana. Como este hombre pobre, todos enfrentaremos nuestra propia lucha contra un sentimiento de insignificancia. Debemos aceptar el poder que tiene una persona con Dios. En algún momento u otro nos sentiremos como si no tuviéramos recursos suficientes para los retos que tenemos por delante. Debemos confiar en los recursos ilimitados del Dios que nos llama. Si no todos, sin duda la mayoría de nosotros nos preguntaremos si tenemos la posición o el poder necesario para lograr nuestros mayores retos. Es entonces cuando debemos aceptar el poder de la influencia. Al final, la mayoría de nosotros nos preguntaremos si ha valido la pena pelear por aquello a lo que nos hemos entregado, especialmente si nadie recuerda nuestro nombre. Y por eso nunca debemos olvidar que lo que se ha hecho para nosotros mismos será olvidado un día, pero lo que hayamos hecho por otros será recordado por la eternidad.

Mantén tu filo

Años atrás me aventuré a ser leñador. Cuando tenía veintitantos años, y no tenía ni idea de lo que quería hacer con mi vida, probé en trabajar en un número interminable de empleos, pero la mayoría de ellos por el simple propósito de pagar las facturas. Así que como leñador, viajé con un equipo a las montañas de Virginia para talar árboles gigantescos en una sección de los bosques que necesitaba ser limpiado.

Era un escenario ideal. Como el gobierno necesitaba mano de obra libre para despejar el terreno, podíamos vender la madera y obtener beneficios significativos por nuestro trabajo. Nunca me ha gustado que me paguen por hora. Siempre me he visto atraído hacia oportunidades en las que mis ingresos no están limitados por mi disposición a trabajar más duro que todos los demás. Cuando te pagan no solo por hora, sino por peso, no hay tiempo que perder.

Cuando eres novato, talas el árbol sin tomar nunca el tiempo para detenerte y afilar la hoja del hacha. Sinceramente, cuando no tienes experiencia ni siquiera notas que el filo se ha embotado. Lo que sí notas es que el árbol se vuelve más denso y cada centímetro de progreso es cada vez más difícil.

Si no prestas atención, simplemente pensarás que estás perdiendo fuerza o que de alguna manera extraña el árbol está ganando fuerza. Es necesario un leñador experimentado que te haga ser consciente de que estás aumentando tu esfuerzo, pero disminuyendo tu resultado.

El necio sigue y sigue golpeando sin prestar atención a la calidad del filo. El sabio sabe que si la hoja está desafilada, se necesita más fuerza. El guerrero entiende que tras un golpe de su espada hay diez mil horas en las que ha empuñado su espada sin que haya un enemigo presente. No es distinto en la vida, aunque no tensamos arcos con flechas, ni empuñamos espadas o llevamos las armas de la batalla convencional. Cada vida es una serie de batallas, de conflictos y de guerras, y sin duda la guerra de la que hablamos es la que se libra en el interior. No puedes ganar la batalla por tu alma si decides vivir la vida de un necio, descuidando la salud de tu alma y sin tomar tiempo para refinar quién eres.

La batalla quizá se vea diferente para cada uno de nosotros, pero la línea de batalla es la misma: está en la intersección entre nuestras pasiones y nuestros deseos. Salomón nos dice que amemos la sabiduría. Él sabe que al final nos convertimos en lo que amamos. No nos convertimos en necios porque carezcamos de la información correcta; nos convertimos en necios porque amamos las cosas incorrectas. El único modo en que puedes cuidar de tu alma es alimentando tu amor por lo que es bueno, hermoso y verdadero.

Salomón también nos dice que "el principio de la sabiduría es el temor del Señor"[23]. ¿Por qué es el temor de Dios el punto de inicio en la senda hacia la sabiduría? Para empezar, lo que temes tiene control sobre tu vida. Si temes solamente a Dios, entonces Él se convierte en tu único control. Lo que temes también establece las fronteras de tu libertad. Si tienes miedo a las alturas, te mantendrás en zonas bajas. Si tienes miedo a las multitudes, te mantendrás solo. El temor limita tu libertad excepto cuando se trata de Dios.

La Biblia nos dice que "el amor perfecto echa fuera el temor".[24] Cuando tememos a Dios y solamente a Dios, nuestro temor es consumido en su amor perfecto. Es tan solo cuando lo amamos a Él, que su amor echa fuera todo nuestro temor. Por lo tanto, cuando amamos al Señor nuestro Dios con todo nuestro corazón, nuestra alma, nuestra mente y nuestras fuerzas, el temor ya no tiene poder sobre nuestra vida. Somos finalmente y más hermosamente libres.

En resumen, si quieres dejar de ser un necio, deja de amar las cosas equivocadas (¿has observado alguna vez que los necios siempre se enamoran de las personas erróneas?). En segundo lugar, entiende que fuiste diseñado para Dios y que la salud de tu alma puede llegar solamente al aceptar su amor por ti. En tercer lugar, reconoce que la salud de tu alma es también una consecuencia de tu amor por Dios. En cuarto lugar, alimenta la pasión de tu corazón por lo que es bueno, hermoso y verdadero. Y finalmente, toma el tiempo necesario para alimentar tus deseos y pasiones de modo que reflejen el corazón de Dios mismo.

La imagen que utiliza Salomón, un hacha desafilada, es su modo de recordarnos que la sabiduría tiene la ventaja de prepararnos para el éxito. El guerrero emplea su tiempo refinando su arte, su oficio, y su vida. Mientras mantiene una postura de humildad, hay una búsqueda continua de excelencia. El guerrero entiende que cada manifestación de grandeza tiene oculta tras ella una vida de disciplina, determinación y persistencia. Para el guerrero, la belleza está en los detalles. Tan importante como ver el árbol caer, es también importante ver afilada la hoja del hacha. El hacha importa para el guerrero. El hacha no es lo que tienes, sino quien eres. Si la sabiduría es el arma, entonces tu carácter es el filo. No puedes pelear las grandes batallas que llegarán a tu camino si no has elegido pelear la batalla en tu interior.

El padre de Salomón le dijo una vez que "el hierro se afila con el hierro, y el hombre en el trato con el hombre".[25] No puedes ser hecho mejor de lo que eres si decides vivir tu vida con aquellos que se conformarían con menos. Si te sientes cómodo con el lugar donde estás, nunca sabrás cuán lejos puedes llegar. Si te niegas a cambiar, entonces te niegas a crecer.

La sabiduría viene del dolor de la crítica, y a veces viene mediante las heridas de la crítica. Como cuando el hierro se afila con el hierro, la sabiduría viene solamente con fricción y fuego. Las destrezas para la vida de las que habla Salomón vienen en las decisiones diarias que en su mayor parte pasarán desapercibidas, en las elecciones que hacemos y que nos ayudan a llegar a ser las personas que somos, en las elecciones que moldean nuestro carácter y en las elecciones que crean nuestro futuro. La sabiduría entiende que las elecciones tienen ímpetu. La sabiduría entiende que las elecciones son nuestro poder.

Nunca debes olvidar que no hay acto más espiritual que el de escoger. Antes de empuñar tu hacha, escoge tu árbol. Decide de qué se trata tu vida; decide para qué vale la pena vivir; encuentra tu intención. Y sin importar lo que pueda venir, sin importar qué batallas se produzcan, nunca renuncies a tu intención. El necio golpea sin pensar y corta cada árbol que está delante de él o ella. El guerrero entiende que no es suya cada batalla, que no todo árbol es para él. Cuando tomes tu hacha, escoge tu árbol y sigue golpeando hasta que ese árbol haya caído. Cuando te mueves con sabiduría, conoces tu fuerza. Ves cuando ciertas elecciones te hacen estar desafilado y cuando otras elecciones te afilan.

No hay nada más debilitante que dedicar tu fuerza a lo incorrecto. Cuando vives tu vida sin intención, desafilas tu hoja. Cuando vives una vida de obligación, eso te roba tu fuerza. La sabiduría te permite aprovechar tu fuerza. Cuando vives tu vida con intención, encuentras tu fuerza, y cada vez que golpeas con el hacha, inesperadamente te vuelves más fuerte.

El guerrero se entrena para el momento inesperado. Sabe que la vida es impredecible, y sin embargo no es amedrentado por esta realidad, porque aunque no puede planear lo que traerá la vida, sabe que está preparado para ello. Ha afilado su hierro con el hierro de otros. Ha tomado el tiempo para afilar la hoja de su hacha.

Hay ciertos marcadores que puedes buscar para saber que estás cortando el árbol correcto. Algunos de ellos son más concretos, y otros son más intuitivos. Un marcador es quién eres como persona. Tus dones y talentos son al menos un punto de inicio para saber qué batallas te corresponde pelear o de cuáles debes alejarte. Cuando careces del don natural para hacer algo, incluso cuando te importa, siempre te encontrarás en déficit. Tienes que mirarte en el espejo y hacerte la difícil pregunta: *¿Fui creado para hacer esto?*

Una buena pregunta de seguimiento para plantearte es: *¿Estoy preparado para hacer esto?* Quizá tienes el talento natural, pero no has pagado el precio para desarrollar las habilidades necesarias para tener éxito. Tal vez tienes el talento natural para ser un neurocirujano, pero yo no querré que trabajes en mi cabeza a menos que hayas seguido la disciplina de llegar a ser un profesional médico altamente calificado. Esto puede significar que es el árbol correcto, pero el momento equivocado. Hay batallas que pelearás más adelante en la vida, pero en este momento te corresponde la instrucción, y aún te estás entrenando.

Otro marcador para ayudarte a saber si estás empleando tu fuerza en el lugar correcto es tu pasión y energía. Si te apasiona el proceso y no solo el resultado, ese es un marcador que indica que estás en la pista correcta. Si eres vigorizado por el trabajo duro y no simplemente por su promesa de éxito, ese es un marcador estupendo de que estás cortando el árbol correcto.

Un marcador externo puede ser el impacto que tienen tus acciones en otros. Quizá te sientes enfermo cada vez que te invitan a hablar en público, pero la influencia que tienes en la audiencia es innegable. Muchas veces he visto a personas muy talentosas que se sienten aterradas por el llamado que hay en su vida, y lo único que hace que sigan empuñando el hacha es un sentido de responsabilidad por el bien que se está logrando en las vidas de otras personas. Esta es, para mí, una de las razones más altruistas y nobles para ser motivado para crear riqueza. Para algunos, su responsabilidad no es simplemente tener un empleo, sino crear empleos. No es suficiente tan solo con obtener riqueza; deben crear riqueza para que el bienestar de otras personas se vea afectado por su trabajo. Al final, todo lo que hacemos debería medirse en última instancia por cuánto bien se ha hecho para otros.

Aunque la vida quizá aún no te haya dado riqueza, posición o poder, no hay pobreza que pueda evitar que cumplas la intención de Dios para tu vida cuando caminas en sabiduría. Por eso también importa con quién caminas. Cuando decides vivir tu vida en concierto con otros que están dispuestos a pagar el alto precio de perseguir los mayores retos y desarrollar su pleno potencial y capacidad, eso moldea quien tú eres. Acércate a quienes se niegan a dejarte tal como estás. Mantente cerca de quienes te ven como más de lo que eres en este momento presente. Nunca olvides que la reprensión de un amigo es de mayor valor que el beso de un enemigo.[26]

La sabiduría sabe que el camino del guerrero no puede ser transitado en soledad. Y aunque en algún momento tal vez te encuentres como una fuente solitaria de esperanza necesaria para dar libertad a toda una ciudad, el sabio entiende que la sabiduría nunca se obtuvo en soledad. Él también sabe que nunca fue la intención que viviéramos la vida solos.

Salomón nos recuerda: "Más valen dos que uno, porque obtienen más fruto de su esfuerzo. Si caen, el uno levanta al otro. ¡Ay del que cae y no tiene quien lo levante! Si dos se acuestan juntos, entrarán en calor; uno solo ¿cómo va a calentarse? Uno solo puede ser vencido, pero dos pueden resistir. ¡La cuerda de tres hilos no se rompe fácilmente!".[27]

Es en cierto modo irónico que estas palabras de Salomón sean citadas exclusivamente en las bodas, cuando el contexto real para pronunciar estas palabras no tiene nada que ver con el matrimonio. El contexto es realmente sobre un hombre que ha obtenido una riqueza inmensurable, pero se encuentra sin tener un hijo o un hermano. Llega al final de su vida y se da cuenta de que su riqueza no tiene valor porque ha vivido su vida solo, desconectado de otras personas. La vida, nos recuerda Salomón, está llena de giros inesperados; y con todo lo que no sabemos sobre el futuro, sí podemos estar seguros de que habrá luchas, retos y batallas por delante. La vida es una gran búsqueda, pero incluso el héroe sabe que no debería enfrentarla en soledad.

CÓDIGO 3

El guerrero halla honor en el servicio

El guerrero vive en la paradoja entre servicio y grandeza. El guerrero es siempre un siervo en primer lugar. Contrario a la percepción popular, una vida de servicio no reduce la búsqueda de la grandeza. El guerrero debe aprender a caminar tanto con humildad como con ambición. El guerrero no sirve a los demás porque no pueda liderar. El guerrero sabe que una persona no puede liderar si no sirve a los demás. Para el guerrero cada día es una búsqueda de excelencia. En el guerrero no puede haber indicación alguna de apatía o complacencia. El guerrero tiene demasiado honor para dar a su señor menos que su máximo esfuerzo. Cada día es una competición contra quien él era ayer.

El guerrero es indiferente a la fama mientras al mismo tiempo persigue implacablemente la grandeza. Debes ver la fama como lo que haces para ti mismo y la grandeza como lo que haces por los demás. Grandeza no es la ausencia de humildad; es la ausencia de apatía. Igual que puedes ser famoso y no ser grande, puedes ser grande y no ser famoso. Aunque el guerrero puede obtener una gran fama, esa nunca es su ambición. Que la fama sea el alimento de hombres menores.

El guerrero persigue su leyenda. El guerrero persigue la vida que debe vivir, la batalla que debe pelear, el sacrificio que debe hacer. Para el guerrero, la grandeza no es el producto del ego, sino del servicio. Si vives para ti mismo, puedes conformarte con menos; si vives para otros, requiere de ti todo lo que eres. Por eso el guerrero nunca envidia la grandeza de otros sino que, de hecho, la honra y la admira. La vida del guerrero está definida por la búsqueda de grandeza. Este es su mayor acto de servicio.

Hay un joven en Mosaic, nuestra iglesia en Los Ángeles, a quien conozco desde casi toda su vida. He trabajado con su padre y le he visto convertirse en un individuo extraordinario. Incluso cuando era pequeño, acudía a mí a hacerme preguntas que siempre me asombraban. Sus preguntas eran profundas, razonadas e incluso provocadoras. Por lo tanto, no me sorprendió cuando acudió a mí de nuevo, ahora ya como hombre, para hacerme una pregunta más profunda. Yo esperaba que fuera sobre el significado de la vida o la naturaleza de nuestra existencia. Sin embargo, la pregunta que él decidió hacer *sí* que me agarró por sorpresa: "¿Es equivocado ser competitivo?".

Sinceramente, esta pregunta realmente me desubicó, ya que no pensaba que alguien en Mosaic tuviera que plantear esta pregunta. Pero entiendo por qué eso era una lucha para él. Shane es extremadamente competitivo. De hecho, según su propia descripción, le encanta evaluar el salón, pensar quién es el mejor, y después determinar cómo superar a esa persona. Lo que me pareció interesante fue que yo, en más de veinte años de enseñanza, nunca había dado ni siquiera a entender que era equivocado ser competitivo. ¿De dónde provenía esta tensión para él?

La realidad es que vivimos en una época de la historia en la que la competición se considera algo que tiene que ser eliminado. Nuestras escuelas no solo están eliminando la designación de ganadores y perdedores, sino que también han llegado tan lejos como para eliminar por completo la puntuación para que nadie sepa quién va por delante y quién va por detrás.

Estamos mucho más cómodos con el lenguaje de la cooperación y la colaboración que con el lenguaje de la competición. Nuestra perspectiva negativa de la competición a menudo queda en espera cuando vemos eventos como los Juegos Olímpicos, la Copa del Mundo, el Súper Tazón, y las finales de la NBA. Pero en general, hemos adoptado una infraestructura que sugiere que la competición es arcaica y anticuada, y debe ser eliminada de la historia humana. Sin embargo, sin competición carecemos del contexto necesario para empujarnos a nosotros mismos más allá de nuestras propias capacidades.

La competición, cuando se entiende adecuadamente, te hace mejor, te hace más, te hace más fuerte. Mi respuesta a Shane fue que no es equivocado ser competitivo, una respuesta que él no esperaba oír.

Él me dijo: "Entonces, ¿está bien si miro por el salón y me comparo con los demás?".

"Pensé que querías ser el mejor", le respondí.

Sintiéndose un poco insultado, respondió de inmediato. "Sí que quiero ser el mejor".

"Bueno", le dije, "cuando eres el mejor, no hay nadie con quien compararte. De modo que en lugar de compararte con los demás, ¿por qué no compites contra ti, contra quien eres hoy? De ese modo, cuando eres el mejor sigues compitiendo contra la misma persona: quien tú eras ayer".

Roger Bannister fue la primera persona en batir la marca de correr una milla en cuatro minutos. Él no tuvo que batir los cuatro minutos para ser el mejor en comparación con otros. De hecho, nadie en el mundo esperaba jamás que él batiera esa marca de los cuatro minutos. Se percibía que era imposible cruzar esa barrera. Si él hubiera medido contra otros lo que significaba ser el mejor, nunca habría logrado lo "imposible".

Cuando eres el mejor, no te comparas con otros; te comparas a ti mismo con lo imposible. Después de que Bannister batiera la marca de correr la milla en cuatro minutos, eso cambió la norma para cada atleta que siguió. Él cambió el significado de lo que era ser el mejor, e irónicamente su logro hizo mejores a todos en su campo. En la actualidad, correr la milla en menos de cuatro minutos lo hacen regularmente deportistas de talla mundial.

Creo que parte de la inquietud que sentimos con la idea de ser competitivos, especialmente para los seguidores de Jesús, es que también queremos ser personas de humildad y reflejar el carácter de Cristo. Estoy convencido de que una gran parte de nuestra incomodidad con el lenguaje de perseguir la grandeza se centra en torno a las conversaciones de Jesús con sus discípulos. En una ocasión, Jesús y sus discípulos iban viajando a Capernaúm. Después de llegar, y cuando descansaban en una casa, Jesús preguntó a los demás de qué iban discutiendo en el camino. Ellos guardaron silencio y no querían revelarle que su conversación se había centrado en quién era el más grande.[28]

No tengo que escuchar a hurtadillas esa conversación para saber lo que ellos no dijeron. Sé que no dijeron que Jesús era el mayor. Después de todo, si los doce iban hablando de quién era el mayor y su respuesta inmediata fue "Jesús", cuando Él les preguntó le habrían revelado con entusiasmo lo que habían estado hablando.

Es en cierto modo extraño, si lo pensamos, que estuvieran viajando con Jesús y cuando comenzaron a hablar de quién era el mayor, Jesús no llegara a sus mentes de inmediato. Sería como si mi equipo en Mosaic y yo discutiéramos sobre quién es el mejor lanzador de tiros de tres puntos mientras caminábamos con Steph Curry, y ni siquiera lo mencionáramos a él. O si un grupo de tus amigos y tú estuvieran con Albert Einstein y tú preguntaras: "¿Quién es el mejor en matemáticas?". Sería extraño si "Einstein" no fuera la respuesta inmediata de todos.

¿Cómo es posible que los doce discípulos de Jesús presentaran cualquier otra opción diferente a que Él fuera el mayor entre ellos? Pero no lo habían hecho, y precisamente por eso se quedaron callados. No debería sorprendernos que surgiera una conversación natural sobre la grandeza. Los discípulos iban caminando con la grandeza. Si tú viajaras con Mozart, inevitablemente hablarías de música. Si viajaras con Picasso, sin duda comenzarías a hablar de arte. Jesús, sin embargo, no inspiró una conversación sobre una aplicación particular de la grandeza, sino sobre la esencia de la grandeza en sí. Los discípulos no estaban preguntando quién era el más grande en un logro en particular; preguntaban quién era el más grande ante los ojos de Dios.

Esta es una pregunta que solamente Jesús podía inspirar. Su grandeza no era el resultado de su talento o de una habilidad particular; su grandeza se trataba de la totalidad de quien Él era como persona. Jesús personalizaba lo que significaba ser humano. Él era la suma total de todo lo que los discípulos aspiraban a ser. Una de las cosas particularmente hermosas sobre la verdadera grandeza es que no deja espacio alguno para la envidia. Jesús no vino para disminuir la grandeza en otros; Él vino para despertarla. Incluso cuando confrontó a los discípulos acerca de su conversación y su deseo de ocupar el asiento de honor, no les dijo que dejaran de aspirar a ser grandes; simplemente los redirigió para que pudieran tener éxito en su búsqueda de grandeza.

Poner lo primero en último lugar

Entonces Jesús los confundió con palabras que han llegado a ser bien conocidas en todo el mundo: "Si alguno quiere ser el primero, que sea el último de todos y el servidor de todos".[29] Estoy convencido de que estas palabras de Jesús han sido terriblemente malinterpretadas. Se han escuchado una y otra vez como una reprensión contra el deseo de ser el primero, pero en realidad Él nunca desalentó a los discípulos de querer ser el primero, sino que les dijo cómo es ser el primero en su modo de vida: *Si alguno quiere ser el primero, que sea el último de todos. Si alguno quiere ser el primero, debe ser el servidor de todos.* Él no intentó disminuir la ambición de ellos; intentó redirigir su intención. Jesús no estaba tratando de sustituir la grandeza por servicio; intentaba darnos una nueva definición de grandeza, que es servicio.

En otra ocasión, la madre de Jacobo y Juan se acercó a Jesús y le pidió un favor. Él sabía que había acudido con una petición y le preguntó qué quería mientras ella se arrodillaba delante de Él, lista para hacer su petición por sus hijos. Su petición no era para ella misma, sino para sus dos hijos. Ella esperaba que ellos se sentaran a la mano derecha e izquierda de Jesús en su reino.[30]

No sé si tú tienes una mamá como ella, pero para mí ese habría sido un momento increíblemente embarazoso. Jacobo y Juan eran conocidos como los "hijos del trueno".[31] Los dos eran hombres rudos y duros, pero su mamá fue en lugar de ellos a pedir posiciones de honor que ellos no se merecían. Ya estaría bastante mal que tu mamá fuera a pedir a Jesús algo como esto sin decirte nada, pero lo que descubrimos es que sus dos hijos estaban de pie detrás de ella. Ni siquiera puedo imaginar entrar en la sala detrás de mi mamá para que ella pudiera pedir en mi nombre los más altos honores que Jesús podría dar.

La respuesta de Jesús tuvo un poco de elemento cómico. Él no le respondió. Los miró a ellos y dijo: "Ustedes no saben lo que están pidiendo".[32] Los forzó a dar un paso al frente y hablar por sí mismos, y entonces los otros discípulos se dieron cuenta de lo que estaba sucediendo y se indignaron con los dos hermanos. Según mi experiencia, nos indignamos cuando otra persona pide lo que nosotros queremos.

Por lo tanto, Jesús los llamó a todos. Al principio señaló los ejemplos que habían influido en la percepción que tenían de la grandeza. Él dijo: "Como ustedes saben, los gobernantes de las naciones oprimen a los súbditos, y los altos oficiales abusan de su autoridad. Pero entre ustedes no debe ser así".[33]

Jesús quería que supieran que los ejemplos más comunes de grandeza en su época se medían equivocadamente. Más bien, Él sugirió: "Al contrario, el que quiera hacerse grande entre ustedes deberá ser su servidor".[34]

Las palabras de Jesús son tan poderosas y tan conocidas que con frecuencia pasamos por alto el significado de toda su afirmación. Nadie había llamado nunca a sus líderes a servir. Todos los discípulos veían la grandeza en Jesús y suponían que su postura de servicio era una estrategia a corto plazo. Sin embargo, este llamado al servicio no es para todos. Es en realidad muy específico: es un llamado a quien quiera hacerse grande. El llamado al servicio encuentra su poder solamente cuando es recibido por aquellos que están en la búsqueda de grandeza.

No es equivocado aspirar a la grandeza. La advertencia aquí es tener cuidado con nunca confundir fama con grandeza. De otro modo puede que estemos aspirando a lo que realmente no es grandeza en absoluto. Fama es lo que haces para ti mismo; grandeza es lo que haces para otros. Jesús nos ha revelado cómo se alcanza la grandeza en su reino. Para ser grandes, debemos servir. Por lo tanto, no renuncies a tu ambición de ser grande; por el contrario, cambia tu definición de lo que significa ser grande y cómo se alcanza la grandeza.

Lo más importante, sin embargo, es que necesitamos cambiar el porqué que hay detrás de nuestro impulso. La pregunta no es si deberíamos ser competitivos; la pregunta no es si deberíamos buscar la excelencia; la pregunta no es si deberíamos perseguir la grandeza. La pregunta es *por qué* la estamos persiguiendo.

Pablo nos dijo: "ya sea que coman o beban o hagan cualquier otra cosa, háganlo todo para la gloria de Dios".[35] Si quieres hacer todas las cosas para la gloria de Dios, entonces no hay nada que deberías hacer sin aspirar a ser el mejor, a estar en tu mejor momento y, sí, incluso a ser *el* mejor. Es en el servicio donde se encontrará tu grandeza.

Jesús dio un paso más y les recordó de nuevo, con un lenguaje aún más fuerte, que "el que quiera ser el primero deberá ser esclavo de los demás".[36]

Entonces dijo, como el ejemplo supremo de esta paradoja: "así como el Hijo del hombre no vino para que le sirvan, sino para servir y para dar su vida en rescate por muchos".[37]

Jesús no es solo el hombre más grande que haya vivido jamás, sino también el siervo más grande que haya vivido jamás. Nadie ha servido nunca como Jesús, quien dio su vida como rescate por todos nosotros, y nadie alcanzará jamás su estándar de grandeza. Sin embargo, nosotros también podemos ser grandes si elegimos servir y andar en el camino de Jesús.

Descubrir qué es poder

Siempre me ha fascinado que las palabras *samurái* y *diácono* tengan el mismo significado fundamental. Las dos significan "siervo". Los samuráis eran conocidos como los guerreros más grandes, y sin embargo no vivían para sí mismos. Su más alto honor era vivir vidas de servicio para aquel que era su señor.

Muchas veces hemos confundido humildad con impotencia. La humildad no puede alcanzarse desde una postura de impotencia. Mientras nos veamos a nosotros mismos como víctimas, la humildad no proviene de una posición de fuerza. La verdadera humildad puede experimentarse solamente cuando hemos llegado a conocer nuestro poder y lo usamos para el bien de otros, y no para nosotros mismos.

Cuando preguntaron a Jesús cuál era el más grande de todos los mandamientos, respondió que debemos amar al Señor nuestro Dios con todo nuestro corazón, toda nuestra alma, toda nuestra mente y todas nuestras fuerzas.[38]

Raras veces nos enfocamos en este último aspecto de ese mandamiento: amar a Dios con todas nuestras fuerzas. Dios supone que tenemos fuerza y que será utilizada solamente para su bien supremo cuando esa fuerza está impulsada por el amor de Dios.

Quizá un buen ejercicio sería sentarte y hacer una lista de todas tus fortalezas. Después de todo, no puedes dominar aquello de lo que no eres consciente. Tu capacidad intelectual es una fortaleza. Tu salud física es una fortaleza. Tu inteligencia emocional es una fortaleza. Tu capacidad de influencia es una fortaleza. Tu habilidad para crear riqueza es una fortaleza. Tu resiliencia y tu determinación son fortalezas. Y la lista podría continuar y continuar.

Necesitas conocer tu poder, y necesitas apropiarte de él, sin mencionar el poder que ha sido puesto en tu interior debido a la presencia del Espíritu de Dios en tu vida. Si el Dios que creó todo el universo habita en tu corazón, ¿cómo podrías considerarte alguna vez impotente?

Cuando Jesús caminó entre nosotros, se vació a sí mismo de todo el poder para hacerse nada. Se vació a sí mismo de esos atributos divinos que nosotros más admiramos.

Cuando Dios se hizo carne y sangre y entró en este mundo como un niño, cedió el poder que era suyo legítimamente. De hecho, Jesús explicó en una ocasión: "Apartado del Padre, no puedo hacer nada".[39]

Una tarde, Jesús reunió a sus discípulos para comer juntos. En ese momento, Él sabía que Judas ya estaba preparado para traicionarlo.[40] Juan nos dice que aquella noche hubo un cambio importante en el viaje de Jesús de Nazaret. Él vino a este mundo habiéndose vaciado de todo su poder divino, pero ahora "sabía Jesús que el Padre había puesto todas las cosas bajo su dominio, y que había salido de Dios y a él volvía".[41]

¿Qué harías tú en el momento en que supieras que Dios Padre había puesto todas las cosas bajo tu dominio? ¿Qué harías con poder ilimitado? ¿Cuál sería tu primera demostración de tu poder?

Esto es lo que hace a Jesús diferente al resto de nosotros. Al saber Jesús que el Padre había puesto todas las cosas bajo su dominio, se levantó de la mesa, se quitó su túnica, y se ciñó una toalla a la cintura. Entonces puso agua en un recipiente y comenzó a lavar los pies de los discípulos, secándolos con la toalla que llevaba a la cintura.[42]

Me atrevo a decir que ningún maestro ha decidido nunca servir a sus discípulos de este modo. Parecía que nada estaba por debajo de Jesús, ningún acto de servicio era demasiado bajo o común. Pedro, desde luego, quedó sorprendido por el intento de Jesús de lavar sus pies e hizo todo lo que pudo para negarse a su bondad. Sin embargo, Jesús insistió: "Si no te los lavo, no tendrás parte conmigo".[43]

Qué extraño que este sea el camino de Dios: "Si no te los lavo, si no me dejas servirte, si no me permites que haga esto que está por debajo de mí, nunca conocerás la plena medida de mi amor por ti". Entendemos que Jesús vino a salvar al mundo, pero creo que nos resulta más difícil aceptar que vino a *servir* al mundo. Él es el Salvador de todos porque es el siervo de todos. Este es el camino del guerrero: servir es sacrificarse. Servir es entregarse a uno mismo por el bien de otros. Jesús utilizó su poder para servir, y en este momento de servicio, vemos su grandeza.

Escoger la primera línea

Quizá el momento más memorable en la vida de David ocurrió cuando, de joven, se ofreció a ir a la guerra contra Goliat. Goliat era, sin duda alguna, el gigante que desafiaba a Dios y a los ejércitos de Israel, y sabía que no había ningún otro guerrero en todo Israel que tuviera la valentía de pelear contra él. David estaba en el campo de batalla aquel día solamente para llevar queso; era el muchacho de los recados. Nadie pensaba en él como guerrero. Cuando las personas miraban a David, solamente veían a un siervo. Cuando David ofreció sus servicios al rey Saúl, el hombre intentó disuadir a David diciéndole: "¡Cómo vas a pelear tú solo contra este filisteo! No eres más que un muchacho, mientras que él ha sido un guerrero toda la vida".[44]

David respondió al rey Saúl: "A mí me toca cuidar el rebaño de mi padre".[45]

David entendía de sí mismo que él no era otra cosa sino un siervo. Pero escuchemos cómo describe lo que significa ser un siervo fiel: "Cuando un león o un oso viene y se lleva una oveja del rebaño, yo lo persigo y lo golpeo hasta que suelta la presa. Y, si el animal me ataca, lo agarro por la melena y lo sigo golpeando hasta matarlo".[46]

Ahora bien, a mí eso sí que me parece un guerrero, pero David parecía estar bastante seguro de que esa era simplemente una parte normal de ser un siervo. Además explicó: "Si este siervo de Su Majestad ha matado leones y osos, lo mismo puede hacer con ese filisteo pagano, porque está desafiando al ejército del Dios viviente. El Señor, que me libró de las garras del león y del oso, también me librará del poder de ese filisteo".[47]

David tenía una postura: servicio. Como se veía a sí mismo como un siervo, era un pastor como nadie había conocido jamás. Me siento bastante seguro al sugerir que sería extraño que un pastor persiguiera a un león o un oso solamente para rescatar a una oveja. Me imagino que si la mayoría de los pastores vieran a un león llevándose una de sus ovejas, lo considerarían el costo de hacer negocio. Probablemente aceptarían el hecho de que iban a perder algunas ovejas. Aquellas no eran las ovejas de David; eran las ovejas de su padre. ¿Por qué iba él a arriesgar su propia vida para salvar a una oveja que ni siquiera era de su propiedad?

David entendía el camino del guerrero. Entendía que servir es el mayor honor y que si eres pastor, debes aspirar a ser el pastor más grande que jamás haya cuidado ovejas. Por lo tanto, perseguía al león y perseguía al oso, y cuando el animal lo atacaba, él lo agarraba por la melena y lo golpeaba hasta matarlo.[48] David hizo que ser pastor se pareciera mucho a ser un guerrero. Como pastor, aprendió las habilidades que le hicieron un guerrero. David redefinió lo que significaba ser un pastor; pronto redefiniría lo que significaba ser un guerrero.

Su primera batalla como guerrero fue contra un gigante. En lugar de ponerse la armadura que siempre llevaban los guerreros, él redefinió el instrumento con el que pelea un guerrero y cómo pelea ese guerrero. Nadie jamás había salido a la batalla con solo cinco piedras lisas. Ningún guerrero se había enfrentado jamás a un gigante con nada más que una honda. Ningún guerrero había dejado atrás su armadura, quedando totalmente expuesto. Ningún guerrero había escogido la agilidad por encima de la protección.

En los años posteriores, David llegó a ser conocido en toda la tierra como el mayor guerrero de su tiempo y sin embargo, como guerrero, David redefinió los estándares de ser un hombre de guerra. Necesitamos recordar que cuando David peleó con Goliat, seguía siendo un pastor. Para él, pelear contra el gigante era como pelear contra el oso o el león. No estaba peleando para su propia gloria o su propia fama; estaba peleando porque nadie más lo hacía y porque entendía lo que estaba en juego. Cuando mató al león y al oso, no hubo ninguna audiencia ni ningún aplauso. Dios, y solamente Dios, conocía los actos de David y conocía su corazón.

El muchacho pastor confrontó valientemente a un enemigo que todos los guerreros tenían miedo a enfrentar. Fue David el siervo quien redefinió lo que significaba ser un pastor. Fue David el pastor quien redefinió lo que significaba ser un guerrero. Y fue David el guerrero quien redefiniría lo que significaba ser un rey. David mató a Goliat no para sí mismo, sino para defender el honor de Dios y la libertad de su pueblo. Este acto de heroísmo debería haber puesto para siempre en deuda a Saúl con David, pero pronto descubrimos que Saúl se llenó de envidia por la creciente fama de David.

Tras un tiempo, el rey Saúl se volvió contra David. El mismo rey por el que David había peleado y a quien había protegido, ahora lo quería muerto. David sabía que Saúl había intentado asesinarlo varias veces y que estaba vivo simplemente porque el rey no tuvo éxito. Sin embargo, cuando David tuvo el apoyo de sus hombres y la oportunidad de matar al rey Saúl, estableció una norma de honor que nadie había esperado jamás. Declaró que no tocaría al ungido de Dios y que mientras Saúl fuera el rey, David no le haría daño. Lo que podemos ver sin duda es que mientras David seguía siendo un guerrero, ya estaba actuando como un rey.

Podríamos ver la vida de David y pensar que hubo tres posturas distintas. La primera, David el pastor, después David el guerrero, y después David el rey. Pero David tenía un solo papel: David el siervo. David el siervo que sirvió como pastor, David el siervo que sirvió como guerrero, y David el siervo que sirvió como rey. El servicio no es una etapa de la vida; es una postura del corazón.

Hay otra dinámica en este proceso que no deberíamos pasar por alto. No solo es cierto que el guerrero es llamado a servir; es igualmente cierto que el siervo debe convertirse en un guerrero. David era un guerrero cuando era pastor y también cuando se convirtió en rey. Como pastor, peleó para proteger a su rebaño. Como rey, peleó para proteger a su pueblo. El espíritu de un siervo es sacrificar la vida propia por el bien de aquellos a quienes sirve.

Aun así, David nos recuerda que hay una diferencia entre el camino del guerrero y llegar a ser un hombre de guerra. El camino del guerrero es siempre una postura de servicio. Nuestra fuerza nunca tiene que ser un acto de violencia o agresión; sin embargo, en David vemos destellos de nuestro yo más heroico. Él salvó a una oveja de la boca de un león; él mató a Goliat con el lanzamiento de una piedra; él estableció una nación; él llamó al pueblo a amar a Dios y a servirle solamente a Él.

En cualquier medida, David fue un hombre grande. Y como descubriremos, también en cualquier medida, David tenía dolorosos defectos. Esto no debería desalentarnos, sino por el contrario darnos esperanza. Se nos dice que David era un hombre conforme al corazón de Dios. El corazón de Dios es el corazón de un siervo. Este es el corazón que David se esforzó por formar en sí mismo.

Ambición oculta

Cuando yo estaba hablando con Shane, el joven de nuestra iglesia, comencé a pensar inmediatamente en el cirujano que me salvó la vida cuando luché contra el cáncer. En más de seis horas de cirugía, el Dr. Khalili eliminó con cuidado y destreza cada célula cancerosa a la vez que protegía cada órgano sano, asegurándome la más alta calidad de vida después de la cirugía. Le dije a Shane: "Tengo una teoría. Creo que el Dr. Khalili es muy competitivo. Creo que aborrece perder". No me refiero a que es competitivo contra otros cirujanos; me refiero a que es competitivo contra la muerte, contra el cáncer, contra perder a un paciente.

Ahora bien, tienes que entender que el Dr. Khalili es un individuo fascinante: amable, compasivo, considerado, y a la vez estoico. Él no sería el jugador de póker perfecto, ya que no se puede leer su rostro. Él no te muestra ninguna emoción inesperada. Es muy reservado y está bajo control. Así, a propósito, es exactamente como quiero que sea mi cirujano.

Una parte del seguimiento tras vencer el cáncer es continuar con una serie de pruebas durante dos años hasta recibir un reporte de salud limpio, de modo que sabía que volvería a ver al Dr. Khalili. Tras mi siguiente visita y al oír las buenas noticias de que estaba limpio de cáncer, decidí ver si él me permitía hacerle una pregunta personal. Mientras estábamos de pie en el pasillo justo antes de que yo me fuera, hice una pausa y dije: "Dr. Khalili, tengo una pregunta que quiero hacerle".

"¿Cuál es?", respondió él con mucha amabilidad.

"Esta mañana estaba hablando con un joven llamado Shane", le dije, "que me preguntó si era incorrecto ser competitivo, y yo le hablé de usted. Le dije que tengo una teoría sobre usted. Creo que es usted muy competitivo. De hecho, le dije que creo que es tan competitivo que aborrece perder, y que cuando pierde tiene problemas para dormir en la noche porque eso le inquieta mucho".

Entonces hice una pausa para ver qué tipo de respuesta suscitaba mi idea. Al principio no hubo nada; él se quedó mirándome con esos mismos ojos tranquilos y estoicos, y durante un segundo pensé que podría estar totalmente equivocado. Entonces lo vi. Los músculos de su cara dieron paso a una emoción más profunda. Él comenzó a sonreír, no solo con su boca sino también con sus ojos, casi como si hubiera regresado al tiempo en que tenía diez años y se hubiera revelado un secreto que él había guardado muy bien.

"Soy muy competitivo", respondió. "Soy muy competitivo y aborrezco perder."

Fue un momento hermoso. Yo lo miré y dije: "Gracias por ser competitivo. Gracias por pelear contra el cáncer. Gracias por negarse a perderme". Ni siquiera puedo imaginar tener un cirujano que no fuera competitivo, a quien le pareciera bien perder más pacientes de los que salva. Sin duda, yo no querría nunca tener un cirujano que no estuviera impulsado hacia perseguir la grandeza. Quien tenga las herramientas que cortan mi cuerpo necesita haber aceptado las disciplinas de la práctica deliberada y el sacrificio personal.

La grandeza nunca se encuentra; se gana. La grandeza nunca llega fácilmente; es siempre el resultado de una gran disciplina y de trabajo duro. Si te sientes cómodo con dónde estás, si estás complacido, nunca descubrirás la grandeza que yace en tu interior. La complacencia es como derramar agua sobre los carbones. Es muy importante no entender mal las palabras de Jesús. Recuerda que Él nunca dijo que no seamos grandes. De hecho, su invitación era solamente para aquellos que aspiran a la grandeza: "el que quiera hacerse grande entre ustedes deberá ser su servidor".[49] Nunca conocerás el poder del servicio hasta que conozcas el fuego de la grandeza.

No permitas que nadie te diga que la ambición no es una virtud. Sí, Pablo dice: "No hagan nada por egoísmo o vanidad; más bien, con humildad consideren a los demás como superiores a ustedes mismos. Cada uno debe velar no solo por sus propios intereses, sino también por los intereses de los demás".[50] Pero esta es la clave: es en la humildad donde situamos a otros por encima de nosotros mismos. Esta debe ser nuestra ambición.

Lo cierto es que pocos de nosotros consideramos que la ambición es una virtud. Pensamos que está bien ser ambicioso, pero no demasiado ambicioso, pues demasiada ambición nos corromperá. Pero nunca pensamos de ese modo sobre el amor. Nunca pensamos: *Ten cuidado con amar demasiado; necesitas aferrarte a un poco de odio*. Nunca pensamos sobre el perdón: *Ten cuidado con perdonar demasiado; necesitas aferrarte a un poco de amargura*. O sobre la integridad: *Ten cuidado con tener demasiada integridad; necesitas mantener un poco de corrupción*. Pero entendemos que virtudes como el amor, el perdón y la integridad tienen tanto valor intrínseco que no es posible perseguirlas en exceso.

El guerrero entiende que la ambición es una virtud igual a la compasión, la bondad, o incluso la humildad. No debemos hacer nada por ambición egoísta, pero sin ambición nos encontraremos sin hacer nada y llamándolo humildad. Lo que debemos hacer es unir los dos universos de ambición y humildad, ya que nunca debieron existir por separado. Tenemos un universo de pensamiento en torno al concepto de servicio. Cuando pensamos en servicio, integramos palabras como *humildad, compasión, sacrificio* y *abnegación*. Estas son las cualidades mediante las cuales la mayoría de nosotros realmente entendemos que hay que definir a Jesús.

El otro universo consiste en palabras relacionadas con el ego y la arrogancia, y unidas a esa narrativa tenemos palabras como *orgullo, egoísmo, ambición, competición,* e incluso *grandeza*. Estas, desde luego, hay que entenderlas como contrarias al camino de Jesús. El guerrero entiende que estas palabras deben estar unidas. Ambición, competición y grandeza pueden existir, y de hecho deben hacerlo, en el mismo universo que humildad, abnegación y servicio. No puede alcanzarse la grandeza sin sacrificio, y el verdadero servicio no es el resultado del servilismo, sino de la pasión.

Puedes escoger tanto humildad como ambición.

Puedes escoger tanto competitividad como abnegación.

Puedes escoger tanto grandeza como servicio.

La verdad es que Jesús intenta que entendamos que cuando estas cosas están unidas, nos vemos a nosotros mismos mejor y más plenamente. En el budismo, el fin supremo es la eliminación de todo deseo. En el camino de Jesús, nuestra mayor expresión de ser humanos es una vida consumida por la pasión.

Jugar para ganar

Incluso después de todos estos años, aún me gusta jugar al baloncesto. Una vez jugué con hombres de mi edad, y no creo que volveré a hacerlo. Eran muy viejos, muy frágiles y muy lentos. Fue inquietante entender que eran mis compañeros. Me encanta jugar contra hombres jóvenes. Eso me mantiene joven, y la mayoría de los días tengo el placer de ganar más que de perder. Pero un día en particular perdí todos los partidos individuales. Teníamos un número impar de jugadores, y eso significaba que cuando yo perdía tenía que sentarme. Por lo tanto, aquel día estuve mucho tiempo sentado. Tras una hora de humillación repetida e implacable, me fui y me senté en un pasillo para recomponer mis ideas y preguntar a Dios por qué Él ya no estaba conmigo.

Pasó un corto rato, cuando mi hijo Aaron caminaba por ese pasillo, y al pasar por mi lado me dijo: "¿Estás enojado?". Eso no le sentó bien a mi alma. Cuando regresó después de haber ido a los casilleros, me dijo: "¿Todavía sentado aquí? Parece que estás enojado". Yo amo a mi hijo, pero en ese momento fue realmente irritante.

"No estoy enojado", le respondí. "Estoy recomponiendo mis ideas, preparándome para volver a jugar".

Al salir otra vez a la cancha, ya que él había vuelto a ganar, me gritó: "Aún parece que estás enojado". Así que me levanté, caminé hasta la otra cancha, agarré una pelota y comencé a lanzar para intentar recuperar mi precisión. Mientras estaba allí haciendo lanzamientos solo, era totalmente inconsciente de cuánto tiempo había pasado. El partido al otro lado de la cancha había terminado, y mi hijo se acercó y dijo:

"Oye, ¿estás bien?".

"Sí, estoy bien", le respondí.

"No parece que estés bien".

"Estoy bien, Aaron. Deja de preguntarme".

"Bueno, papá", me dijo, "es tu partido, y no pareces estar bien".

"Hijo", le respondí, "sé que he ocultado bien esto durante toda tu vida, pero soy realmente competitivo y no me gusta perder". Nunca olvidaré ese momento. Yo estaba siendo transparente; estaba permitiendo a mi hijo ver la oscuridad de mi propia alma.

Y él respondió sin vacilación: "Papá, nunca lo ocultaste bien. Todo el mundo sabe que eres competitivo, y todos saben que no te gusta perder".

Entonces comprendí algo: había pasado casi sesenta años intentando ocultar cuán competitivo era, y de todos modos no funcionó, así que ¿por qué no apropiarme de ello? Soy competitivo. Quiero ser el mejor. Quiero perseguir la excelencia cada día de mi vida. Quiero pagar el precio que la grandeza demande de mí. No podría importarme menos la fama, pero viviré mi vida para la grandeza, y Jesús me dice cómo hacerlo: siendo el servidor de todos. Este es el camino del guerrero. El guerrero es un servidor, y esa es su grandeza.

Por lo tanto, ¿cómo se verá esto en tu propia vida? ¿Cuál es tu campo de juego? ¿Dónde has sido llamado a servir y aspirar a la grandeza?

Mi viaje como comunicador comenzó entre los urbanos pobres. Cada semana predicaba a pequeñas multitudes, ya fuera en el albergue para transeúntes durante la semana o en la pequeña casa que convertimos en una iglesia cada domingo en la mañana. La sala estaba llena de los más pobres entre los pobres. Cada asiento estaba ocupado por exdrogadictos, o prostitutas, o quienes batallaban con un número interminable de adicciones. Y cuando digo que estaba llena, nunca había más de cuarenta o cincuenta personas encerradas en aquella casa que llamábamos iglesia.

Recuerdo orar incluso entonces: "Dios, estas personas nunca tienen lo mejor en nada. ¿Podrías ayudarme a darles lo mejor los domingos?". Yo aspiraba a ser un gran comunicador, no porque me imaginara predicando ante grandes multitudes o me atreviera a creer que alguien leería un libro que llevara mi nombre escrito, sino porque sentía que aquellas personas se merecían lo mejor, y eso me impulsaba a aspirar ser el mejor.

No sé cuál es tu llamado. Quizá eres maestro, o arquitecto, o médico o carpintero. Pero si escoges el camino del guerrero, vivir una vida de servicio, demandará de ti lo mejor que tengas. Tal vez no necesitas ser grande, pero el mundo necesita tu grandeza. Cualquier cosa que Dios haya puesto en tu interior y que pudiera describirse como grande, nunca había de quedarse para ti, de todos modos. Se te ha otorgado para que la administres. La grandeza nunca pertenece a la persona que la tiene; pertenece al mundo que la necesita.

Tan solo piensa en cómo se vería tu vida si decidieras que la grandeza fuera tu norma de vida como padre, como cónyuge, o como empleado o jefe. Por demasiado tiempo hemos permitido que la apatía se disfrace de humildad. No hay nada humilde con respecto a vivir una vida apática. Del mismo modo podemos vivir vidas de pasión sin desarrollar nuestra grandeza.

La pasión es el combustible de la grandeza, y el amor es el combustible de la pasión. Cuando amamos a alguien o algo, le entregamos todo de nosotros. Esta es la elegante interconexión que existe entre servicio y grandeza. Es el amor lo que nos impulsa a servir y el amor lo que nos impulsa a la grandeza. Por eso ambas cosas, el servicio y el amor, no pueden ser mutuamente exclusivas. Al final, aquel que sirve es quien es grande, como lo es quien ama más profundamente.

CÓDIGO 4

El guerrero tiene dominio sobre su mente

El guerrero no puede conocer a su enemigo si no se conoce a sí mismo. A pesar de las miles de batallas que el guerrero enfrentará, su mayor batalla llega cuando se mira verdaderamente a sí mismo. No hay territorio más crítico o difícil que puedas ocupar que el de tu mundo interior. Tu mente es también tu campo de minas. Para encontrar la libertad para ganar tu batalla suprema, debes pelear para liberar tu mente. Toda batalla que enfrentarás en el mundo exterior ha de ser ganada antes en tu mundo interior.

Por eso el guerrero entiende que debe conocerse a sí mismo, que debe conocer su propia mente. Aunque puede que nunca viva en un mundo definido por la paz y la belleza, el guerrero ya ha llegado a conocer ese mundo. Nunca encontrarás un mundo que no puedas ver. No puedes crear un mundo que no conoces. Tú puedes llevar al mundo solamente aquello por lo cual ya has peleado.

Tu mente te dice lo que encontrarás. Si tu mente está fijada, has limitado lo que descubrirás. Si tu mente es libre, las posibilidades no tienen límite. Una mente abierta te permite ver oportunidades que permanecen cerradas para quienes tienen pensamiento limitado. Una mente abierta te abre el mundo entero. Una mente abierta te abre el futuro. Es solamente con una mente abierta que eres verdaderamente libre para soñar, para imaginar, para crear.

La mente no está separada del corazón; los dos están entrelazados y son inseparables. Dos más dos igual a cuatro es solamente un concepto hasta que lo hemos experimentado. Cuando entendemos la suma y después la multiplicación, comenzamos a ver el poder de las posibilidades ilimitadas. Pronto experimentamos que cuatro menos dos es igual a dos. Comenzamos a entender el poder e incluso el dolor de la pérdida. Comenzamos a saber lo que significa tener y después perder. Incluso las matemáticas sencillas están envueltas en experiencia humana.

Del mismo modo, la música es a la vez matemática y romántica. Cada nota lleva emoción dentro de ella. Sin que se pronuncie ni una sola palabra, la música habla a la parte más profunda del alma. No hay pensamiento que esté desconectado de la emoción.

Para emplear una imagen, hablaré del corazón como lo que porta toda nuestra experiencia y emoción, y de la mente como el mundo que creamos en respuesta al mundo que nos rodea cuando se entrelaza con nuestro mundo interior. No vemos el mundo como es; vemos el mundo como somos.

Un corazón lleno de violencia nunca verá un mundo lleno de paz. Puedes llevar esperanza solamente si tú mismo has encontrado esperanza. La mente puede cegarte a las posibilidades o darte vista para ver lo que nadie pensó que era posible. Si no conoces tu mente, bien podrías ser un prisionero de tu pensamiento limitado. Cuando conoces tu mente, eres capaz de abrir tu mente.

¿Has notado alguna vez qué es lo que recordamos, los recuerdos que moldean nuestras vidas y las experiencias que nunca olvidamos? En nuestra mente, lo que intentamos recordar es nuestra vida, pero la mayor parte de nuestra vida ha sido olvidada. Puedo entender que otra persona olvide mi vida; después de todo, la mayor parte de mi vida se puede olvidar fácilmente. ¿No te resulta extraño que entre todas las personas que han olvidado tu vida, tú seas una de ellas?

Es una comprensión peculiar saber que has olvidado la mayor parte de tu vida. La mayoría de las experiencias, los momentos, los detalles; todos ellos desaparecen, ocultos detrás de recuerdos seleccionados que denominamos nuestro pasado. Pero por cada momento que recordamos, debe haber al menos otros mil que hemos olvidado. Y no olvidamos de modo consciente; sucede sin que ni siquiera nos demos cuenta. Simplemente olvidamos recordar, y eso es mucho más fácil que recordar olvidar.

Algunos recuerdos se quedan con nosotros toda nuestra vida. Se pegan a nosotros como si fueran mantequilla de cacahuate en nuestro paladar: son incómodos, incluso no deseados, y sin embargo nuestra única opción es tragar. Nuestros recuerdos crean un laberinto por el cual tienen que viajar nuestras experiencias futuras. Los recuerdos que tenemos crean las barreras que conocemos. Los recuerdos que no tenemos crean las barreras que permanecen desconocidas. Todos nosotros tenemos barreras visibles e invisibles a través de las que filtramos todas nuestras experiencias.

Nunca debes olvidar recordar. Cuando conoces tu mente, conoces tus recuerdos: escoges tus recuerdos. Lo que recuerdas es el modo en que moldeas tu mente. Tus recuerdos son el diseño de tu mente. La raíz de la palabra *memoria* es simplemente ser *consciente*.[51] Recordar no es un acto pasivo; recordar demanda de ti quizá tu mayor dominio. Debes ejercer dominio sobre tus recuerdos. Es entonces, y solamente entonces, cuando llegas a ser consciente.

Este es el inicio de conocer tu mente. Puedes mover los muros que te han atrapado en el pensamiento limitado cambiando lo que decides recordar. Si te encuentras confundido porque todo lo que recuerdas es negativo, limitante y destructivo, hay solo un camino hacia adelante: debes crear nuevos recuerdos.

El espacio entre la lluvia

Cuando yo tenía unos diez años, comencé a leer muchísimo. Por la razón que fuera, la lectura se convirtió en un escape estupendo para mí. Tras las puertas de las bibliotecas, esos lugares antiguos donde se almacenaban libros, estaban los tesoros interminables de vidas que yo nunca había vivido y de palabras que nunca había conocido. Recuerdo leer un número interminable de libros, pero la mayoría de las líneas que una vez captaron mi atención, hace ya mucho tiempo que abandonaron mi memoria.

Por lo tanto, tengo que pensar que no es casual que haya una línea de un libro que nunca he olvidado. No recuerdo el libro, no recuerdo su título, y no estoy seguro de quién era el autor, pero nunca olvidaré la línea. En medio de una historia oscura, el escritor describía a un hombre que sufría un mal en particular. Puede que no sea una cita exacta, pero es exactamente como lo recuerdo: "Hubo una vez un hombre que fue impulsado a la locura, no porque pudiera contar las gotas de lluvia sino porque no podía contar los espacios entre las gotas de lluvia".

Imagino que miles y miles de personas han leído ese mismo libro y han pasado por esa misma línea, y sin embargo nunca he conocido a nadie que la recuerde, así que siempre me resultó curioso que yo no pudiera olvidarla. Al haber vivido ya seis décadas, me ha quedado claro por qué de todas las cosas que he olvidado, nunca olvidé esta en particular. Esas palabras crearon extrañamente en mí una sensación de esperanza, no que alguien se dirigiera a la locura debido a los espacios entre la lluvia, sino que hubiera alguien por ahí que entendía realmente la locura que rugía en mi interior. Lo que para otro quizá pareciera una descripción absurda y poética de una batalla irreal, para mí fue un diagnóstico para el cual yo no tenía lenguaje para explicar. ¿Cómo expresas con palabras la locura que viene de ver cada gota de lluvia y cada espacio intermedio? El escritor no me ofrecía ninguna solución, pero la cura extrañamente me encontró en la descripción.

Por tanto tiempo como puedo recordar, siempre he sufrido una condición en particular que no podía ni entender ni describir totalmente. El mejor modo de describirla está englobado en la palabra *sobrecarga*. Un aspecto parecía ser externo y el otro interno, pero sentía como si ambos aspectos me estuvieran impulsando hacia la locura.

Siempre que entraba en una habitación llena de personas, sentía como si me estuvieran bombardeando con información no deseada. Tenía la sensación de que cada detalle en la habitación estaba chocando en mi cerebro y exigiendo su atención. Parecía que yo carecía de los filtros naturales que permiten que la mayoría de las personas ignoren mucho de lo que está sucediendo a su alrededor. Yo sentía como si pudiera verlo todo, y aunque tal vez pueda sonar a un súper poder, era absolutamente debilitante. Me impulsaba a querer estar solo para así poder reducir la velocidad de la cantidad de datos que entraban en mi cabeza.

Fue en 2013 cuando pasé por un proceso en el cual recibí una información interesante sobre mis patrones neurológicos. Sí que recibí buenas noticias: yo tenía un nivel extraordinariamente elevado de control del impulso y un nivel significativamente elevado de enfoque; pero donde tenía un déficit, era extremo. Estaba en el percentil más bajo de lo que se denominaba neurovelocidad, lo cual me hace parecer realmente lento.

Recuerdo una conversación con un médico en particular. Él me explicó que la mejor manera de entender este fenómeno era con la imagen de la velocidad de obturación. Los cerebros de la mayoría de las personas tienen velocidad de obturación rápida, lo cual crea la percepción de cronología en nuestros recuerdos. Mi cerebro, por otro lado, no estaba diseñado para la cronología, sino para la imagen. Mi obturación se abría completamente y recibía una cantidad inmensa de información al mismo tiempo y después se cerraba muy lentamente, creando el fenómeno de exposición en exceso antes de que se cerrara la obturación. Cuando la ventana está abierta, yo veo cada gota de lluvia e incluso los espacios entre la lluvia.

Parecía que mi incapacidad de filtrar los datos masivos que mi cerebro procesaba y mi habilidad para retener cantidades inmensas de información estaban directamente interconectadas. Desde una perspectiva neurológica, mi superpoder era también mi talón de Aquiles. Mi fortaleza era mi lucha. Para bien o para mal, ambas estaban entretejidas. Se dice que nuestras fortalezas son las sombras de nuestras debilidades. Para mí, sin duda, eso era cierto. Siempre he sido una persona que tiene mil ideas en un segundo; y aunque eso puede obrar maravillas si estás en una habitación donde se necesita resolución de problemas, es una pesadilla cuando intentas apagar tu cerebro. Mil ideas en un segundo; tan solo toma un momento y deja que eso se asimile.

¿Cómo evitas que tu cerebro te abrume en exceso con pensamientos e ideas no deseados? Había días en los que la arremetida dentro de mi cabeza era paralizante. La ideación es un regalo maravilloso, pero a veces es el regalo que nunca deja de dar. Sería imposible contar cuántas veces Kim y yo hemos estado en la cama y ella rompía el silencio rogándome: "¿Podrías apagar tu cerebro, por favor? Hay tanto ruido en esta habitación que ni siquiera puedo dormir".

Algunos días era peor que otros. Esos días, yo me situaba en posición fetal en el rincón de la habitación y rogaba a mi cerebro que parase, que me diera un alivio temporal. Algunos días, lo único que quieres dentro de tu cabeza es silencio. Puedo decirte, como alguien que ha estado en este viaje, que necesitas conocer tu mente, pues de lo contrario tus pensamientos te volverán loco.

Creía que yo era el único en este mundo que tenía esa batalla. Solamente saber que otra persona entendía mi lucha fue suficiente para ayudarme a enfrentarla un día más. Más que eso, me hizo saber que había un camino de salida, que quizá incluso, aunque solo fuera por un momento, yo podía tomar la locura y convertirla en genialidad. Como mínimo, podía tomar las miles y miles de voces que estaban en mi cabeza y, como un conductor que no se ve abrumado por los sonidos que llegan en su dirección, orquestarlas y convertirlas en una hermosa sinfonía. Al mirar atrás a mi vida, esa fue quizá mi primera gran batalla. Para mí, ese puede que fuera el primer paso en mi viaje hacia el camino del guerrero. O perdía mi salud mental, o conocía mi genialidad mental.

Alrededor de los doce años de edad, me encontré sentado en un sillón en un psiquiátrico mirando manchas de tinta sobre una tarjeta y alguien preguntándome: "¿Qué ves?". Esa pregunta era mucho más profunda de lo que parece. Si yo le decía al médico lo que veía, él podría ver dentro de mí. Como vemos el mundo es como nos vemos a nosotros mismos. El guerrero entiende que su mente es a la vez su mayor fortaleza y su mayor peligro. El guerrero ve cada gota de lluvia y celebra su belleza. El guerrero ve los espacios entre las gotas de lluvia y los considera la senda hacia adelante.

Hacer danzar a la lluvia

¿Alguna vez te has detenido a escuchar la lluvia? A mi esposa, Kim, le encanta la lluvia. Siempre que llueve, todo tiene que detenerse y yo tengo que acompañarla mientras ella escucha con intención el sonido de cada gota cuando cae sobre las ramas de los árboles, y las hojas que quedan tras el invierno, y cuando golpea la tierra y rebota convertida en mil pedazos diminutos. En realidad, ella aborrece mojarse, así que realmente no le gusta la lluvia; le gusta cómo la lluvia crea un sonido que tranquiliza su alma y calma su espíritu.

Si escuchas con la atención suficiente, puedes oír danzar a la lluvia. Sin embargo, cuando hablamos de lluvia, pensamos en ella como un todo y no como la suma de sus partes. Pero en cierto sentido, esas dos percepciones son precisas. Hay una unidad, casi una naturaleza comunal en la lluvia, en la cual se mueve en concierto, cada gota con la otra. Aun así, cada gota de lluvia es única, solitaria e independiente de todas las demás. La metáfora perfecta para –quizá– la disciplina más difícil y más crítica para el guerrero, sea que tus pensamientos son como una tormenta. Son a la vez el pensamiento de quién eres tú y una formación interminable de pensamientos estrellándose contra tu alma.

Cuando yo era joven, esta realidad interior afectaba el modo en que me relacionaba con mi mundo exterior. Era difícil escuchar a las personas porque había mucho ruido dentro de mi cabeza. La escuela parecía moverse a ritmo de glaciar. Todos mis pensamientos se movían a lo que parecía ser la velocidad de la luz, o al menos me movían hacia mundos imaginarios. A veces me encontraba ahogándome en mis propios pensamientos. Al mirar atrás ahora, entiendo que yo estaba mal equipado para tratar el mundo que me rodeaba, y por eso creaba un mundo alterno en mi interior. Rápidamente me sentía más cómodo en el mundo que imaginaba que en el mundo en el que vivía.

No debería ser posible perderte en el interior de ti mismo, pero he llegado a convencerme de que es el único lugar donde puedes estar verdaderamente perdido. Si no tienes cuidado, tus pensamientos pueden volverse más peligrosos que una bala en la cabeza. El guerrero sabe que su imaginación no es un lugar para escapar, sino para crear. El guerrero se retira en sí mismo no para ocultarse del mundo, sino más bien para prepararse para él. No hay modo más seguro de perderte que pasar tu vida pensando en ti mismo. Cuando te conoces a ti mismo plenamente, el enfoque de tu mente gira hacia servir a otros. Conocerte a ti mismo es conocer el mundo.

Según el Laboratorio de Neuroimagen en la Universidad del Sur de California, el ser humano promedio tiene cerca de 48,6 pensamientos por minuto. Eso suma un total de casi setenta mil pensamientos por día,[52] queriendo decir que si estás en el extremo bajo del espectro, tendrás un pensamiento cada dos segundos. Si tu cerebro es un poco más compulsivo, puedes tener hasta un pensamiento cada segundo. Imagina eso: un pensamiento cada segundo. Y dudo que el pensamiento dure solamente un segundo. Aunque los datos sobre cuántos pensamientos tenemos en un día siguen siendo más especulación que ciencia, está incluso menos claro cuántos pensamientos podemos albergar en nuestra mente al mismo tiempo. ¿Cuántos pensamientos pueden pasar rápidamente por nuestra mente, moviéndose con tanta rapidez que no podemos sostenerlos? Sin embargo, cada uno de ellos encuentra su camino para entrar en el tejido de quienes somos.

Cuando Kim y yo nos casamos, yo aún intentaba hacerme camino por las tormentas torrenciales que inundaban el interior de mi cerebro. Ella me encontró de ese modo solo una o dos veces, pero con frecuencia me sentaba en el rincón en posición fetal, intentando tener mi cerebro bajo control. Es difícil explicar lo que experimentaba, pero básicamente sentía como si un torrente de pensamientos interminables rebotaran dentro de mi cabeza, negándose a quedarse callados.

Quizá eso fue lo mejor que podía sucederme: una consciencia casi paralizante de que se estaban produciendo demasiados pensamientos a la vez. Fue al oír cada gota de lluvia cuando entendí que necesitaba encontrar un modo de convertirlas en una cascada. Si como seres humanos somos tan complejos que estas tres libras (1,5 kilos) de materia gris pueden operar a una velocidad tan cegadora que hace que las computadoras palidezcan en comparación, ¿cómo se espera que podamos encontrar paz mental?

Puede que parezca completamente ilógico, pero también sé cómo es estar paralizado al otro extremo del espectro. Recuerdo tener diecinueve años y no tener ni idea de qué hacer con mi vida. Acababa de graduarme de la secundaria, y no tenía esperanza de ser admitido en la universidad. Ni siquiera podía imaginar un futuro por el que valiera la pena pelear. Me ahogaba en la falta de sentido, y simplemente sobrevivir se había convertido en una lucha diaria.

Desgraciadamente, muchos de nosotros no batallamos con demasiados pensamientos e ideas; sufrimos atrofia mental, que es el resultado de la apatía, la incertidumbre o el temor. Una de las cosas curiosas que he aprendido sobre el cerebro es que es esencialmente un músculo perezoso. Por eso somos tan enseñables. Una vez que aprendemos algo, no queremos desaprenderlo. Una vez que creemos algo, no queremos no creerlo.

La estructura mental que nos hace enseñables nos da el mismo potencial para volvernos no enseñables. Si piensas que ya lo sabes todo, no te queda nada que aprender. Es irónico que la mayoría de las personas inteligentes son las más conscientes de lo mucho que no saben. La genialidad no se trata de lo que sabes; se trata de tu curiosidad insaciable por lo desconocido. Si no tienes cuidado, puedes atraparte a ti mismo en el interior de una mente cerrada. No tienes futuro porque estás viviendo en el pasado. Ves el mundo como carente de oportunidad porque estás ciego a las posibilidades infinitas que te rodean. La arrogancia hace rígido el cerebro; la humildad permite que nuestra mente permanezca abierta.

Mientras asistía a un seminario sobre neurociencia y desarrollo cognitivo, se afirmó que la gratitud puede que sea el lubricante más significativo para la agudeza y la adaptabilidad mental. Escribí sobre esto hace muchos años atrás en mi libro *Despertar*, y es ahora cuando la neurociencia más avanzada está alcanzando lo que la Biblia nos enseñó todo el tiempo. Sé que esto es difícil, pero las personas de mente estrecha vivirán vidas pequeñas porque pueden sobrevivir solamente en un mundo pequeño.

Si te encuentras viviendo en un mundo donde solo hay cinismo, negatividad y falta de confianza, necesitas entender que es un mundo que tú mismo has creado. Hay un mundo más hermoso ahí afuera que hay que conocer, pero tienes que ser capaz de verlo. Tienes que quererlo. Debes estar dispuesto a arriesgarte, a salir de lo que conoces, a vivir en lo desconocido más extraordinario.

Todos conocemos la vieja historia sobre por qué un elefante con toda su fuerza puede quedar limitado en un lugar por una pequeña cuerda y un palo. Se debe a que los elefantes recuerdan cuando eran bebés y no tenían la fuerza para desenterrar del suelo el palo. En pocas palabras, los elefantes permanecen cautivos porque sus recuerdos les mienten. Les dicen que su pasado es su futuro, que lo que experimentaron antes siempre será la realidad que está delante de ellos.

Recuerda: tu cerebro es inherentemente perezoso. Se retirará a cualquier límite y patrón previamente fijados que hayas establecido por tu conducta en el pasado. Por eso es tan importante probar siempre algo nuevo. Las personas que viajan tienen un CI (cociente de inteligencia) significativamente más elevado que las personas que no lo hacen. Las personas que leen a autores con diferentes perspectivas se vuelven más abiertas de mente y más empáticas. Puedes comenzar con pequeñas cosas: probar comidas nuevas, conocer a personas nuevas, aprender un idioma nuevo, considerar una idea nueva, probar un enfoque nuevo.

En otras palabras, sal de la rutina que has establecido para ti mismo y fuerza tu mente a participar en lo nuevo. Esto comenzará a abrir oportunidades y posibilidades. Esto abrirá tu mente a la belleza y la maravilla que te rodea.

El propósito supremo de conocer tu mente no es estar limitado por ella. La mente del guerrero tiene una postura de humildad y una textura de gratitud, donde es más libre.

Pensamientos cautivadores

Hace casi veinticinco años me invitaron a un evento en las montañas de Carolina del Norte. Fue allí donde tuve un encuentro por primera vez con un teólogo de renombre, que durante las dos últimas décadas ha llegado a ser una de las voces más influyentes que han salido de la ciudad de Nueva

York. Recuerdo que tras su brillante presentación (y sinceramente, al ser nuevo en la fe yo no había escuchado muchas presentaciones brillantes), me arriesgué a hacerle una pregunta que debió parecerle herética, pero que era dolorosamente personal para mí.

En los pocos momentos que pudimos hablar, le hice una pregunta que podría ayudarme a descubrir cómo transformar setenta mil pensamientos al día en una narrativa común. Porque en verdad, a mí no me parecía que fueran setenta mil pensamientos; los sentía como setenta mil voces que gritaban dentro de mi cabeza. No sé cuánto ajetreo sientes dentro de tu cabeza, pero algunas veces todas las distintas voces están decididas a decirte quién eres. Puede parecer un elevador lleno de gente donde no hay oxígeno suficiente para que todos respiren.

Así que le dije al teólogo: "La Biblia nos dice que debemos llevar cautivo todo pensamiento a la obediencia a Cristo, y eso parece ser una imposibilidad; sencillamente hay demasiados pensamientos que llevar cautivos". Si tenemos un pensamiento cada segundo, lo único que haríamos cada segundo de nuestra vida es intentar llevar cautivo ese pensamiento a la obediencia a Cristo. En aquel momento le pregunté: "¿Es posible que el único modo de llevar cautivos los pensamientos sea mediante la formación de una mentalidad o la creación de una cosmovisión, que cuando hayamos moldeado nuestra cosmovisión, entonces ella guíe nuestros pensamientos? ¿Que cuando hayamos establecido una mentalidad, esa mentalidad filtre nuestros pensamientos?".

Quizá planteé la pregunta equivocada, porque nunca olvidaré su respuesta. Me dijo: "Ten cuidado. Parece que estás hablando de control mental".

Parece que estás hablando de control mental. He llegado a la convicción de que él tenía mucha más razón de la que jamás hubiera sabido. Tu mentalidad controla tu mente, y esto puede ser tanto bueno como malo. Si tu construcción de la realidad ha sido moldeada de modo subconsciente por la influencia de otras personas y las experiencias de tu propia vida, tal vez estés bajo el control de otros, mucho más de lo que te das cuenta.

Existen capas de lenguaje que describen este fenómeno. A veces, el lenguaje que utilizamos es cosmovisión. El concepto de una cosmovisión entró en nuestro lenguaje en la década de 1850. Proviene de una palabra en alemán que describe un concepto o una imagen global del universo y de la relación de la humanidad con él. Otros hablan sobre nuestra mentalidad, que también es bastante reciente en el lenguaje, utilizada por primera vez en la década de 1920. Y aunque la cosmovisión habla de nuestra perspectiva global de la realidad, la mentalidad trata más sobre nuestra actitud personal, intención o disposición hacia la vida.

Cuando conoces tu mente, comienzas a ver que tu cosmovisión y tu mentalidad son inseparables. Si tu perspectiva del universo es que es generador, creativo e ilimitado en sus recursos, tendrás una mentalidad de generosidad y te desempeñarás en la vida con manos abiertas y un profundo optimismo. Si tu cosmovisión entiende que el universo es el resultado del azar arbitrario o del determinismo matemático, tu mentalidad filtrará cualquier prueba que apoyaría lo contrario.

En el sentido más práctico, lo que más importa es cómo ves la vida. Tu mentalidad interior diseña tu mundo exterior. Si crees que el mundo está lleno de posibilidades, así es. Si crees que el mundo está lleno de personas fascinantes, las encontrarás. Si crees que el futuro está a la espera de ser creado, crearás el futuro que te está esperando. Si crees en el amor, encontrarás el amor. Si crees en la esperanza, encontrarás esperanza. Y la razón por la cual los encontrarás es porque los llevarás contigo.

No tan solo encontramos el mundo que buscamos; lo creamos. Por eso el guerrero debe conocer su mente. Tu mente es donde se forma tu futuro. Si tu mentalidad está formada por el temor y el enojo, o por la codicia y la envidia, ese es el único tipo de mundo que encontrarás jamás. Nunca llegarás a entender totalmente que encontraste ese mundo porque tú mismo lo creaste y lo impulsaste a ser.

El guerrero entrena su mente para conocer lo bueno, lo hermoso y lo verdadero. Esta es la guerra que pelea dentro de sí mismo, y ese es el mundo que pelea para crear. Tenemos una bonita palabra para vivir en el pasado: *tradición*. En el mundo teológico se conoce como *ortodoxia,* y en el mundo de la ciencia se denomina simplemente *verdad*.

No puedes llevar cautivos tus pensamientos, un pensamiento a la vez. Esto conduciría a la locura. Puedes llevar cautivos tus pensamientos, solamente creando de modo proactivo el filtro mediante el cual son procesados esos pensamientos. Para comenzar a llevar cautivo cada pensamiento, debes hacerte esta pregunta: *¿De dónde vinieron estos* *pensamientos, y cómo entraron en mi cabeza?* El proceso de llevar cautivo todo pensamiento comienza identificando la fuente de tus pensamientos y el filtro mediante el cual esos pensamientos son expulsados o ingresados.

Mente propia

Ya sabemos mediante nuestros procesos cognitivos, como la percepción sensorial seleccionada, que no somos conscientes de todo lo que vemos; que nuestro cerebro filtra, sin pedirnos permiso, todo lo que suponemos que es irrelevante para nuestra supervivencia. Vemos solamente lo que necesitamos ver, excepto cuando no lo vemos. Están esos momentos en los que información crítica ha sido filtrada y expulsada porque fue percibida erróneamente como irrelevante.

Lo mismo se aplica a los pensamientos que surgen de nuestro subconsciente y pasan a nuestra mente consciente. Tu mentalidad filtra la información que está en desacuerdo con tu perspectiva de la realidad. Y si no la filtra y la expulsa, la distorsiona para que se amolde a tu perspectiva de la realidad. Los pensamientos que tu mentalidad permite que se muevan rápidamente por tu mente consciente son los que reafirman creencias y convicciones ya establecidas.

Los mismos investigadores que calculan que tenemos hasta setenta mil pensamientos al día también calculan que hasta el 80 por ciento de esos pensamientos pueden ser negativos y repetitivos.[53] Eso quiere decir que cuarenta y ocho mil pensamientos negativos llegan a tu cerebro cada día de tu vida. Tal vez seas consciente solamente de media docena de ellos.

Quizá ese sería un ejercicio estupendo de conciencia de uno mismo. Toma un momento y escribe cada pensamiento negativo que llegue a tu mente. Después escribe cada pensamiento positivo que capte tu atención. ¿Cuál parece surgir para ti de modo más natural?

La versión extrema de control mental causaría que ya no fueras capaz de pensar por ti mismo. La versión contraria es creer realmente que puedes pensar por ti mismo, porque nunca has tomado el tiempo para deconstruir tu mentalidad. Nunca te has planteado la difícil pregunta: *¿Cómo llegué a ver el mundo de esta manera?*

Cuando el apóstol Pablo estaba escribiendo a los romanos, les enseñó: "No se amolden al mundo actual, sino sean transformados mediante la renovación de su mente. Así podrán comprobar cuál es la voluntad de Dios, buena, agradable y perfecta".[54] Tal vez este sea uno de los pasajes de la Biblia a los que más veces se hace referencia, y sin embargo raras veces sabemos cómo aplicarlo. ¿Qué significa "no se amolden al mundo actual"? Con demasiada frecuencia, este término fue denigrado a moralizar sobre las acciones de una persona, pero eso no es en absoluto a lo que se estaba refiriendo Pablo. Cuando el apóstol habla de no amoldarnos a este mundo, o a su patrón, en realidad está confrontando nuestras mentalidades. Existe un patrón de pensamiento que se forma en el interior de una persona que no cree en Dios. Es interesante que Pablo ve el proceso de ser libre de los patrones a los que nos amoldamos como la transformación de la renovación de nuestra mente. El guerrero debe ver el mundo desde una nueva perspectiva. El guerrero ve la vida desde un punto de vista distinto y aventajado. El camino del guerrero es la senda hacia una nueva mentalidad. El guerrero tiene una nueva mente.

No es poco que Pablo diga que solamente con esta nueva mentalidad puedes llegar a ser un nuevo tú. Muchas veces la voluntad de Dios es descrita como algo que debe ser recibido en lugar de algo que debe ser percibido. Pablo nos dice que cuando nuestra mente es renovada es, entonces, y solamente entonces, cuando podemos probar y aprobar cuál es la voluntad de Dios. Cuando veamos el mundo desde esta nueva mentalidad, veremos que la intención de Dios para nosotros es buena, agradable y perfecta.

Imagina tener un número infinito de futuros delante de ti y que cada uno de ellos sea tan fácilmente accesible como los otros. Lo único que tienes que hacer es escoger uno de ellos. El reto es que todos ellos son invisibles para ti y se pueden percibir solamente por el material que aportas al momento. Históricamente, se nos ha enseñado a pensar en la voluntad de Dios desde una perspectiva lineal. Su voluntad se convierte más en una cuerda floja por la que caminamos o nos caemos. Este tipo de perspectiva limitada del futuro es la que nos hace hablar en términos de la voluntad de Dios perfecta y la voluntad de Dios permisiva. Cuando te has caído de la cuerda floja de su voluntad perfecta, lo único que te queda es una versión misericordiosa de un plan B divino. El futuro es hermosamente más complejo que eso. Tiene todo el sentido que un Dios infinito tuviera un número infinito de futuros hermosos que nos esperan. De hecho, una de las promesas que más seguridad nos da en la Biblia es que Dios puede crear el futuro más hermoso a partir de nuestra imperfección y quebrantamiento. Cuando Pablo dice que podremos comprobar la voluntad de Dios buena y perfecta para nuestras vidas, pensamos en un sendero, una línea, un camino.

¿Y si el futuro es mucho más complejo y hermoso que eso? ¿Y si existe un número interminable de futuros que nos esperan, pero el portal mediante el cual entramos en esos futuros está moldeado por las elecciones que hacemos? Pablo conecta tener una mente nueva con crear un futuro nuevo. El futuro no es lineal; es dinámico. El futuro no está determinado; es creado. Por eso es tan fundamental que conozcas tu mente. Es en tu mente donde comienza el futuro. Es mediante la transformación de tu mente como puedes dar entrada al futuro que solamente Dios pudo haber planeado.

Lo único mejor que imaginarnos una vida mejor, es crearla. Lo único mejor que imaginar un mundo mejor, es crearlo. El guerrero entiende que el mejor futuro del mundo no llegará sin una batalla. Debes pelear por el futuro que sueñas. El guerrero no pelea para aferrarse al pasado, sino más bien para aferrarse al futuro. El futuro pertenece a aquellos que tienen la valentía de crearlo. Este es el camino del guerrero. El guerrero recuerda, pero no mira atrás. El futuro llega solamente desde una dirección, y es hacia adelante. El guerrero ha aprendido que si su mente queda perdida en el pasado, perderá su futuro.

¿Has sentido alguna vez que perdiste una oportunidad y no sabes cómo no la viste llegar? Es casi como si fuéramos ciegos al color, pero la ceguera en realidad está relacionada con el futuro. No es que debas escoger un futuro; es que debes escoger *el* futuro.

Tu mentalidad es el filtro mediante el cual ves tus futuros potenciales. Si entras en la vida con optimismo y esperanza, verás un número interminable de futuros llenos de optimismo y esperanza. Verás posibilidades y oportunidades a tu alrededor. Verás maravilla y belleza. No verás solamente una opción que pudiera conducir a un futuro más hermoso. Lo único que puede abrumarte o hacer que te sientas paralizado es que tienes muchas buenas opciones entre las cuales escoger. ¿No sería una vida asombrosa si tuvieras que seguir diciendo no a opciones extraordinarias, a un futuro alterno y hermoso? Muchas veces actuamos como si hubiera solamente dos opciones para el futuro: una buena y una destructiva, la que Dios escoge por nosotros y la que nosotros escogemos por nosotros mismos.

Yo pienso que el futuro es mucho más como el huerto, donde comenzó la historia de la humanidad. Tenemos tendencia a enfocarnos en los dos árboles, pero el huerto estaba lleno de árboles. Uno de los primeros mandamientos de la Biblia fue que Adán y Eva comieran libremente. Podían comer del fruto de cualquier árbol del huerto excepto de uno. La mayoría de las veces actuamos como si solo hubiera una opción buena y un número interminable de opciones que destruirán nuestras vidas. No es así como comenzó la historia del mundo, y no es así como la historia continúa.

Cuando tu mente está moldeada por la esperanza, tú no ves simplemente dos sendas; ves un número interminable de sendas llenas de oportunidad, posibilidad y belleza. Sin embargo, si tu mentalidad está moldeada por el cinismo, el temor o la duda, entonces las únicas sendas que ves delante de ti son las que están llenas de dolor y decepción, de fracaso y dificultad.

¿Has considerado alguna vez que lo que permites que dé forma a tu mente es lo que moldea tu percepción de las oportunidades que tienes delante? Por eso cuando estás lleno de temor, cada futuro posible parece aterrador. Por eso cuando llevas dentro de tu alma heridas y quebrantamiento, cada futuro potencial está cargado de decepción y traición. Tu mentalidad moldea el modo en que ves la realidad, pero más importante, moldea el modo en que ves tu futuro.

¿Cuántos futuros puedes ver en este momento? ¿Están llenos de alegría, de amistad, de éxito y satisfacción? ¿O son el tipo de futuro que harías cualquier cosa por evitar? Creo que la razón por la que muchos de nosotros estamos paralizados, nos aferramos al pasado y vivimos atrapados en el momento, es que no podemos ver nuestro camino hacia vidas diferentes. No podemos ver nuestro camino hacia futuros mejores. Es importante que observemos que aunque nuestras mentalidades filtran la información que recibimos conscientemente, determinan qué información pasa de nuestro subconsciente a nuestra mente consciente. También se vuelven como un telescopio que nos señala hacia un futuro muy particular, pero lo que nos permite ver no es todo lo que está a nuestra disposición.

Lo más difícil de hacer es convencer a alguien que está abrumado por la desesperación, de que realmente hay un futuro y una esperanza. Una de las cosas más difíciles de hacer es convencer a alguien que ha sufrido mucho, que ha perdido en el amor, de que hay una persona ahí fuera que le amará por completo y que deseará su amor a cambio. Es difícil ayudar a alguien que ha llegado al final de un sueño, que se siente devastado por el fracaso, a entender que hay un futuro mayor esperándole, que hay otro sueño esperando ser despertado.

Uno de los mayores regalos que podemos dar a otros es ayudarles a tener ojos nuevos con los cuales puedan ver su propio yo, su propia vida y su propio futuro. Las palabras de Pablo se vuelven más pertinentes: "No se amolden al mundo actual. No permitan que su mente sea moldeada por ningún patrón que les robe la esperanza que Dios creó para que vivan en ella".[55]

Una mente para el futuro

Siempre que alguien me dice que no tiene fe, le pregunto si tiene algo planeado para mañana. Porque si tienes algo planeado para mañana y no tienes fe, esa es la decisión más absurda que habrás tomado jamás. ¿Cómo puedes planear algo para mañana, cuando el mañana no existe? ¿Cómo puedes planear algo para dentro de una semana, o para dentro de un mes, o para dentro de un año sin tener fe? Si realmente no tuvieras fe, tomarías enseguida todo tu tiempo de vacaciones. Después de todo, ¿por qué ibas a dejarlo para el futuro, el cual no está garantizado? Ahora, eso es un acto de fe.

La fe moldea tu mentalidad. Cambia tu perspectiva sobre tus límites o la falta de ellos. Es desconcertante cuando alguien sitúa su fe en algo que parece totalmente absurdo y después llega a cumplirse.

Recuerdo ver el Súper Tazón LI. En una etapa en el partido, los Patriots de Nueva Inglaterra iban perdiendo por unos veinticinco puntos contra los Falcons de Atlanta. Cada uno de nosotros en la habitación estaba seguro de que el partido ya había quedado decidido en el descanso, excepto una persona: mi hijo Aaron. Él nunca dio la espalda a los Patriots. Parecía de algún modo creer todo el tiempo que remontarían y ganarían. Pensábamos que él era ridículo. Con el tiempo, sin embargo, se pudo sentir un cambio en toda la emoción de la habitación cuando el quarterback, Tom Brady, seguía encadenando un éxito tras otro. Al final del partido, el resto de nosotros estábamos asombrados de haber sido testigos de una de las mayores remontadas en la historia del Súper Tazón, pero Aaron simplemente había estado esperándonos en el futuro, a que la realidad se pusiera a la altura de la fe.

Podemos llamarlo economía, pero Wall Street es una industria de fe. La educación está construida completamente sobre la fe. Invertimos en las vidas de una generación emergente, creyendo que si se les enseña bien, ellos crearán un mundo mejor. Imagina cómo cambiaría tu perspectiva del futuro si realmente comenzaras a vivir por fe, si permitieras que la fe moldeara tu mentalidad. Eso cambiaría radicalmente el modo en que ves cada circunstancia en tu vida. Incluso en los momentos más difíciles y dolorosos, verías cada momento como una promesa de que Dios te ayudaría. Nunca verías nada en la vida como una calle sin salida porque sabrías que Dios siempre te guía hacia una salida.

La fe cambia nuestras percepciones del futuro. La fe siempre ve un camino. En el libro de Hebreos se nos dice que la fe es la sustancia de cosas invisibles y la seguridad de lo que se espera.[56] No sé de ti, pero a mí me ha resultado mucho más fácil tener confianza en cosas que tengo en lugar de en cosas que espero. Del mismo modo, es mucho más fácil tener seguridad de cosas que puedo ver que de cosas que no puedo ver.

Cuando tenemos confianza en las cosas que esperamos, estamos conectados instantáneamente al futuro. La esperanza no puede existir en el pasado. Eso se llama remordimiento. La esperanza puede existir solamente en el futuro. La fe nos conecta con el futuro, y también cambia los parámetros de nuestras limitaciones. Cuando tenemos seguridad de cosas que se ven, estamos limitados por lo que tenemos, por lo que conocemos y por lo que podemos probar. Cuando tenemos seguridad de cosas que no se ven, ahora añadimos a nuestros recursos todo lo que existe en el ámbito del misterio, la incertidumbre, y posibilidades ilimitadas.

Mi esposa y yo estuvimos recientemente en una conferencia en el norte de California, llamada EG. Es una versión más íntima de las conferencias TED, que reúne a algunos de los mayores pensadores, investigadores y exploradores de todo el mundo. Yo estaba bastante seguro de que Kim y yo disfrutaríamos de dos días de anonimato, pero en las primeras horas alguien me reconoció como el pastor de Mosaic y me planteó una pregunta sobre lo absurdo de la fe.

La pregunta fue muy específica: "¿Crees que Dios hizo que el sol se detuviera?". Se había reunido un pequeño grupo, y antes de que yo pudiera incluso responder a la primera pregunta específicamente, llegó una segunda pregunta: "Hay personas que creen que el sol se detuvo y personas que no creen que el sol se detuvo. ¿Cuál dirías que sería la diferencia cualitativa entre esos dos tipos de personas?".

Yo lo miré como si la respuesta fuera obvia. Le dije al pequeño grupo que escuchaba: "Creo que importa menos si uno cree que el sol se detuvo que si tiene un pensamiento tan limitado que cree que eso no es posible. Yo prefiero la mentalidad que cree que el sol pudo detenerse porque es una mentalidad de posibilidades ilimitadas". La persona que elimina automáticamente esa posibilidad es una persona con pensamiento limitado. Me encanta que la fe amplíe nuestra imaginación y nos abre a un universo con posibilidades interminables.

Es lo mismo con el amor. Quizá no hay un cambio más dramático de perspectiva que cuando llegamos a la convicción de que todo el universo es creado por amor, que todo existe debido al amor, que Dios es amor, y que su motivación principal en todas las cosas es el amor. Cuando crees que la intención del universo es extender el amor que Dios ha liberado misericordiosamente sobre toda la creación, eso cambiará tu perspectiva de todo. No puedes creer que la voluntad de Dios es buena, agradable y perfecta si no crees que el principio unificador del universo es el amor.

Cuando permites que tu mentalidad sea moldeada por los procesos dinámicos de la fe, la esperanza y el amor, tu mentalidad siempre está en expansión. Cuando tu flujo mental está fundamentado por las oportunidades interminables, visibles solamente por la fe, por la abundante belleza y maravilla visible solamente con esperanza, por la riqueza y la profundidad disponibles solamente mediante el amor, entonces el futuro se convierte en todo lo que Dios quiso que fuera para ti.

Por lo tanto, mi pregunta para ti es sencilla: cuando miras al futuro, ¿qué ves? El guerrero debe ganar la batalla en su mente contra el temor, la duda y el odio, y caminar con valentía hacia un futuro revelado solamente mediante la fe, la esperanza y el amor.

CÓDIGO 5

El guerrero se apropia de la derrota

El guerrero sabe que el honor no se encuentra en la victoria. El honor se encuentra en la nobleza de la batalla. Si la batalla no es digna de la vida del guerrero, entonces no hay honor en su victoria. De la misma manera, el guerrero sabe que no hay deshonra en la derrota. Fracaso y derrota no son lo mismo. Temer a la derrota es rendir la victoria. Solamente hay una buena pelea y una buena muerte para aquel cuya vida está entregada a lo que es noble. El guerrero nunca reclama la victoria para sí mismo; reclama la victoria tan solo para los demás. El guerrero nunca culpa a los demás de la derrota, sino que se apropia él mismo de la derrota. El guerrero posee la derrota y, por lo tanto, la derrota nunca posee al guerrero. El guerrero que vive y muere con honor entra invicto en la eternidad.

Los antiguos samuráis entendían que incluso en la derrota había una muerte honorable, porque si nunca pierdes tu honor, no puedes morir en derrota. Tanto en la vida como en la muerte, el guerrero nunca cede su poder. No adjudica culpa ni abdica la responsabilidad. Esta es la vida que ha escogido. Esta es la senda que lo llamó a avanzar. Solamente hay derrota si te traicionas a ti mismo y abandonas tu llamado. La leyenda del guerrero es que no puede ser derrotado.

El guerrero sabe que es más poderoso cuando toma posesión de todo lo que se le ha confiado, y sin embargo, no reclama la posesión de nada. El guerrero se hace completamente responsable a la vez que no se aferra con fuerza a nada. Acepta toda la responsabilidad sin necesitar nunca un elogio. De este modo, el guerrero posee a la vez todo y nada.

Como el guerrero vive con manos abiertas, nada le puede ser quitado. El guerrero es libre de todas las cosas y, por lo tanto, es libre para disfrutar de todas las cosas.

Todo es prestado. Incluso las cosas que consideramos nuestras posesiones algún día pertenecerán a otra persona o quizá a nadie. Por eso, en la mayoría de los casos, el concepto de propiedad es una ilusión. La propiedad no se trata de posesión; se trata de responsabilidad. Lo que tú posees importa mucho menos que aquello de lo que te apropias. Aquello de lo que asumes una responsabilidad es mucho más importante que lo que piensas que posees.

Una de las mayores trampas en la tierra es emplear más de tu tiempo y tu energía intentando poseer cosas, que apropiándote de tu vida. Tu más importante mayordomía es cómo vives la vida que te han dado. Es extraño que podamos poseer algo y abdicar la posesión de nosotros mismos. Sin reconocerlo, demasiadas veces cedemos la propiedad de nuestras propias vidas a la esclavitud de otro.

Cualesquiera que sean las circunstancias, cuando hacemos a otra persona responsable de nuestras vidas o de la condición de nuestras vidas, estamos abdicando la responsabilidad que se nos ha confiado. Estamos mucho más obligados por la posesión que por la responsabilidad. Queremos poseer, pero no queremos tomar posesión.

Si has tomado posesión de tu vida, has llegado a conocer tu propio poder. No vas tropezando por la vida con una sensación de impotencia. Sabes quién eres y que en última instancia eres responsable del futuro que creas y de las elecciones que haces. Escoger no solo sucede porque sí; es como haces que sucedan cosas.

La libertad de la responsabilidad

Adán y Eva fueron ubicados en medio de un huerto y vivían en lo que solamente podría describirse como paraíso. En el huerto había dos árboles que han llegado a ser parte del infame inicio de la historia humana: un árbol que alimentaba la vida, y otro que le ponía fin. Sin duda, Dios dio opción a Adán y Eva. En realidad, Dios les dio opciones interminables.[57]

Como vimos anteriormente, el mandato era que comieran libremente. Había un número interminable de árboles en el huerto de los que se les permitía comer tanto y todas las veces que quisieran. Sin embargo, había un solo árbol del que tenían prohibido comer. Como el hombre fue creado libre, tenía que existir ese árbol. Sin elección no hay libertad. Sin libertad no hay elección. Dios dijo al primer hombre y a la primera mujer que no comieran de ese árbol, porque esa decisión conduciría a su muerte. Uno pensaría que la naturaleza amenazante de la advertencia habría sido suficiente para mantenerlos alejados de él, pero tal como sabemos, no fue así. Ellos comieron del árbol, y por primera vez llegaron a conocer la vergüenza.

Poco después, Dios se acercó a ellos, como imagino que siempre hacía, pero esta vez ellos se escondieron porque estaban desnudos y temerosos. Dios llamó al hombre, y el hombre dijo: "Escuché que andabas por el jardín, y tuve miedo porque estoy desnudo. Por eso me escondí".[58]

El Creador hizo la más curiosa de las preguntas: "¿Y quién te ha dicho que estás desnudo? ¿Acaso has comido del fruto del árbol que yo te prohibí comer?".[59]

La respuesta del hombre fue bastante inesperada. En lugar de asumir responsabilidad de lo que acababa de hacer, lanzó a Eva "debajo del autobús". Hay un poco de ironía cómica en su respuesta. Le dice a Dios: "La mujer que me diste por compañera me dio de ese fruto, y yo lo comí".[60]

En una frase, el hombre culpa a todos los involucrados excepto a sí mismo. Le dice a Dios: "La mujer que pusiste aquí, Dios, es culpa tuya. Yo iba muy bien mientras estaba aquí solo. Tú la trajiste aquí, y tu decisión ha conducido a mi muerte".

Es interesante observar que el primer instinto del hombre fue culpar a Dios de la consecuencia de su propia decisión. Sin perder ni un solo paso o malgastar un solo aliento, tras culpar a Dios culpó también a la mujer: "Ella me dio del fruto del árbol. Dios, es culpa tuya. Y si no estás dispuesto a aceptar la responsabilidad, entonces tengo un plan de apoyo para ti. Es culpa de la mujer. De hecho, es culpa de todo el mundo excepto de mí. Tú pusiste aquí a la mujer, y ella me dio del fruto del árbol. Lo único que yo hice fue comer".

Toda la respuesta de Adán a Dios fue de abandono de la propiedad personal y la responsabilidad por sus actos. Jugó a ser la víctima y se dibujó a sí mismo como un participante pasivo en la crisis que él mismo había creado.

Entonces parece que Dios se dirigió a la mujer y le preguntó: "¿Qué es lo que has hecho?".[61] Siento casi lástima por ella. El hombre pudo responder en primer lugar, de modo que a ella no le quedaba nadie a quien culpar. Él ya había culpado a Dios y ya la había culpado a ella, y se había situado él mismo como un espectador inocente. Ella debió haber mirado alrededor y decidió que solamente quedaba una parte a quien culpar. Su respuesta: "La serpiente me engañó, y comí".[62] Ella tenía menos personas a quienes culpar, pero en lugar de hacerse responsable de sus propios actos, culpó a la serpiente. En un extraño giro de los acontecimientos, la serpiente no tenía a nadie a quien culpar, pero, de hecho, había hecho exactamente lo que pretendía.

Si no estás familiarizado con la historia de los dos árboles, es importante entender que ese fue el momento en el que la humanidad fue introducida a la muerte. Lo que hace que este intercambio sea desconcertante es que desde todos los ángulos perceptibles, el hombre y la mujer se veían completamente y plenamente vivos. Es difícil saber que estás muerto cuando no sabes cómo identificar los síntomas. En un momento, la humanidad pasó de la plenitud de vida a la mera existencia, y los primeros síntomas de este cambio fueron la vergüenza y el nacimiento de la culpa.

Los síntomas de la existencia son visibles a lo largo de toda la historia humana y dentro del corazón de cada individuo que ha pisado esta tierra. Si la humanidad estuviera plenamente viva, lo único que conoceríamos sería un mundo lleno de esperanza, de alegría, de amor y de significado.

Cada acción humana sería una expresión de generosidad, compasión y bondad. Los síntomas de la mera existencia se evidencian en nuestra profunda sensación de desconexión, desesperada soledad, y falta de propósito prevaleciente.

No conocer el amor es meramente existir.

No tener esperanza es meramente existir.

Vivir sin intención es un síntoma de que hemos perdido nuestra vida y solo conocemos la existencia.

Dios había confiado todo al hombre y la mujer. Él había puesto todo bajo su autoridad. Les había dado propiedad; no posesión, sino responsabilidad, sobre toda la creación. No había duda alguna sobre quién era responsable. No había lugar para intercambio de culpa. Sin embargo, ni el hombre ni la mujer aceptaron la responsabilidad de sus actos. Ninguno de ellos se apropió de sus decisiones; los dos actuaron como si fueran impotentes y meras víctimas de una fuerza más amenazante que no pudieron resistir.

¿Cuán difícil habría sido haber dicho simplemente: "Fue culpa mía", y aceptar la responsabilidad? "Tú me diste mayordomía sobre la creación, y yo traicioné tu confianza". ¿No habría sido mucho más noble que el hombre se pusiera entre Dios y la mujer y dijera: "Todo fue culpa mía. No es culpa de ella". Sin embargo, en lugar de situarse delante de ella como su escudo, él la puso en primera línea.

Aquello no fue simplemente el inicio de culpar a otro, ni tampoco el fin de hacerse responsable. Fue el fin del amor. Si Adán amaba a Eva más de lo que se amaba a sí mismo, nunca habría tomado esa decisión o le hubiera culpado a ella. Sus instintos cambiaron de la abnegación a la autopreservación.

Imagina ser Dios en ese momento, viendo a una criatura que creaste a tu imagen y semejanza decidir protegerse a sí mismo en lugar de a quien habías creado para que la amara. Eva quedó desprotegida porque no era amada. Adán actuó con temor porque había perdido la valentía que solamente el amor puede impulsar.

Y de nuevo, la mujer tuvo su oportunidad de apropiarse ella misma. Después de ver a su esposo acobardarse y abdicar la responsabilidad de su decisión, ella podría haberse hecho responsable de haberle dado del fruto. Podría haber estado ante Dios y haber dicho: "Escuché la voz equivocada. Tomé una mala decisión. Haz conmigo lo que quieras. Es mi culpa". Pero ella tampoco hizo eso.

No es casual que una de las primeras consecuencias de la Caída sea la abdicación de la responsabilidad personal por nuestros actos. Culpar a otros es un acto de cobardía. Culpamos en un intento de esconder nuestra vergüenza. Este no es el camino del guerrero. El guerrero entiende que culpar no es simplemente una abdicación de la responsabilidad, sino también una cesión de poder. No puedes cambiar aquello de lo que no te haces responsable. Cuando culpas a otra persona, te vuelves dependiente de ese individuo para resolver tu problema y cambiar tu circunstancia. Después de todo, si es culpa de esa persona, entonces él o ella es quien tiene el poder de cambiar tu condición.

El peso de la responsabilidad

Jesús contó una vez una historia que plantea circunstancias parecidas. Hablando del reino de Dios, contó la historia de un amo que dejó a tres de sus sirvientes a cargo de diferentes cantidades de su riqueza.[63] Uno de los sirvientes recibió cinco talentos, otro dos talentos, y otro un talento. Un talento, durante la época del Imperio Romano, era una medida de peso y no un valor específico. Un talento pesaría unas 75 libras (34 kilos).[64] Por lo tanto, podían darte 75 libras de oro, o 75 libras de plata, o 75 libras de cobre. Aunque el peso sería el mismo, el valor sería drásticamente diferente.

Cuando el amo dividió su riqueza entre ellos, confiando a cada uno una cantidad acorde con su capacidad, hizo un largo viaje. Durante su ausencia, cada sirviente podía hacer lo que considerara oportuno con la riqueza del amo. En otras palabras, tenían en sus manos posibilidades interminables. Los sirvientes probablemente nunca habían conocido una riqueza tan grande. Incluso quien tenía un solo talento habría tenido en su posesión un valor relativo de casi 1,5 millones de dólares.[65]

¿Qué habrías hecho tú con 1,5 millones de dólares? Durante el curso de muchos años, ¿cómo lo habrías invertido? ¿Qué decisiones habrías tomado para optimizar la riqueza que se te confió? ¿Cómo habrías aumentado la riqueza de tu amo y habrías sobrepasado sus expectativas a su regreso?

Eventualmente llegó un día en el que el amo regresó para recibir cuentas de lo que había confiado a sus sirvientes. Supongo que algunos de ustedes están familiarizados con el desenlace. El que tenía cinco talentos devolvió diez a su amo. El que tenía dos talentos los había multiplicado hasta cuatro. Pero el que tenía un solo talento había tomado la decisión de enterrar sus recursos y le devolvió al amo solamente lo que se le había confiado.

La misma pregunta choca contra mi mente cuando pienso en el hombre en el huerto y el hombre que enterró su talento: ¿por qué malgastar una oportunidad tan extraordinariamente buena?

Mediante esta parábola, Jesús nos da un ejemplo perfecto de por qué apropiarnos no se trata de tomar posesión de lo que tenemos delante, sino de aceptar la responsabilidad de lo que se nos ha confiado. Los hombres que multiplicaron la riqueza del amo no eran los dueños de esa riqueza, pero sí se apropiaron de ella.

Cuando el sirviente que tenía un talento le explicó al amo por qué había enterrado su talento, observamos el mismo patrón que encontramos con Adán y Eva: "Señor –explicó–, yo sabía que usted es un hombre duro, que cosecha donde no ha sembrado y recoge donde no ha esparcido".[66] Su respuesta instintiva fue culpar al amo de su falta de valentía, iniciativa y ambición. Básicamente le dijo: "Su modo de ser es la razón de que yo sea como soy". Hay un marcado contraste entre el sirviente con un talento y sus dos compañeros. Los otros sirvientes nos hacen saber el increíble potencial que había disponible durante la ausencia de su amo, pero el hombre que enterró su talento no pudo ver lo que había desperdiciado.

Cuando culpas a otros, cuando abdicas la responsabilidad por tu vida, te vuelves impotente para cambiarla. Aumentar ese talento era totalmente responsabilidad del sirviente, y sin embargo, él estaba seguro de que el amo tenía la culpa de que él hubiera fallado. Existe una relación inesperada entre la culpa y el temor. Justo después de haber culpado al amo, continuó explicando: "Tuve miedo, y fui y escondí su oro en la tierra".

Cuando culpas a otros de tu fracaso, te vuelves impotente para cambiar el mundo que te rodea. Comienzas a vivir tu vida lleno de temor, paralizado por la incertidumbre y amargado por una sensación de victimización. El temor puede hacer que abdiques la responsabilidad, pero la abdicación de responsabilidad sin duda te hará vivir en temor.

La posesión comienza con poseer tus elecciones, con hacerte responsable de tu propia vida, y con tomar decisiones para dejar de culpar a otros y encontrar a otra persona a quien asignar la culpa. Puede parecer ilógico, pero tal vez no hay nada que te empodere más que hacerte responsable de tu propia vida. Confiar en Dios no es una abdicación de responsabilidad; es aceptarla.

El problema comenzó con Adán y Eva. Ellos no tenían el lujo de tener padres a quienes culpar; tenían el ambiente perfecto en el cual hacer las mejores elecciones. Para el resto de nosotros, es mucho más complicado que eso. Sin embargo, aunque el mundo está lleno de caos y agitación, y hacer la elección correcta parece infinitamente más complicado ahora que en el huerto, no debemos desalentarnos. Se nos ha confiado el poder de la elección. Dios nos ha confiado a nosotros esas cosas que nosotros confiaríamos solamente a Él. Sigue estando en nuestro poder crear un mundo mejor. El destino del futuro de la humanidad ha sido puesto en nuestras manos. Nunca debemos abdicar la responsabilidad, porque con ella llegan posibilidades infinitas. El futuro espera a quienes tienen la valentía de crearlo. Nunca olvides que cuando posees la derrota, ella nunca puede poseerte. Por lo tanto, toma posesión de tu vida, de tu futuro y del mundo que te rodea, porque solamente puedes cambiar aquello que posees.

Política sin culpa

A veces nos sentimos paralizados por un pasado que no escogimos nosotros. Nos encontramos quebrantados e incluso traumatizados por cosas que nos sucedieron, pero no debido a nosotros. He conocido a demasiadas personas que llevaban el peso de su pasado a la vez que intentaban entrar en un futuro nuevo. Desde actos de negligencia y abuso, violencia y adicción, abandono y maltrato, hay muchas razones legítimas por las que las personas batallan para recrearse a sí mismas. Soportamos tantas heridas que parecen hacer que la sanidad nos eluda.

Nunca descartaría los efectos devastadores de las heridas no adquiridas, sino dadas. Tú no tuviste elección en cuando a tu lugar de nacimiento o en qué familia naciste. Entiendo totalmente por qué tantas personas cargan no solo con heridas, sino también con amargura como si llevaran un nudo atado al cuello. No es fácil convencer a alguien para que perdone cuando no hay contrición por parte del ofensor. Puede que soltar la amargura sea una de las cosas más difíciles de este mundo cuando ha sido la única presa que ha retenido las lágrimas.

Aceptar la responsabilidad cuando algo es culpa tuya tiene todo el sentido, pero es una píldora difícil de tragar el tener que apropiarte de tus circunstancias incluso cuando no fueron culpa tuya. Aquí está la complicada realidad: incluso aunque no sea culpa tuya, sigue siendo tu responsabilidad.

Aunque la herida no fuera culpa tuya, la sanidad es tu responsabilidad.

Aunque tu pasado quizá no es culpa tuya, tu futuro es tu responsabilidad.

Aunque las elecciones de otros no fueron culpa tuya, tus elecciones son tu responsabilidad.

No permitas que quienes tienen la culpa mantengan su tenaza sobre tu vida renunciando a tu poder para cambiar y ser libre de ellos. La amargura es el modo en que tu alma te deja saber que ellos siguen teniendo poder y control sobre ti. El odio atrapa el veneno en tu interior; solo el amor y el perdón te conceden el poder para seguir adelante.

La ira no es tu fuerza; la intención lo es. Cada persona a la que no has perdonado todo lo que en el pasado que te retiene, ha robado una parte de quien tú eres. Una de las mayores batallas del guerrero es reclamar los territorios del alma.

Pablo nos recuerda que hemos sido comprados por un precio y que en nuestro interior hay un gran tesoro. El sirviente que enterró el talento pensó que era suficiente con decirle al amo: "Enterré su oro en la tierra. Mire, aquí tiene lo que es suyo".[67] Se había convencido a sí mismo de que él solo era responsable de lo que se le había entregado. Lo cierto es que somos responsables de mucho más de lo que se nos ha entregado; somos responsables de lo que podría haberse hecho con todo lo que se nos ha entregado.

Capacidad de respuesta

Existe una relación entre la responsabilidad personal y el riesgo. Una de las cosas curiosas acerca de las personas es que tenemos una variación inesperada y extrema cuando se trata del modo en que nos percibimos a nosotros mismos en relación con la responsabilidad personal. Cuando enfrentan el fracaso, algunos instintivamente evalúan y atribuyen la culpa a fuerzas externas: *Fue la economía. Fue la gerencia. Fue alguien más.*

También hay otros que se relacionan con el riesgo desde el extremo opuesto. Cuando están evaluando el fracaso, su perspectiva es totalmente interna: *No tomé las decisiones correctas. No trabajé lo bastante duro. Me faltaba el talento para lanzar esto.* Esas evaluaciones están menos arraigadas en la realidad que en la psicología. Se trata menos de lo que es real que en cómo percibimos la realidad.

La persona que es más propensa a culpar a los factores externos, por lo general tiene un sentido más elevado de autoestima y confianza: *Desde luego, el problema no fui yo. Yo soy increíble.* Cuando una persona acepta un alto grado de responsabilidad por el fracaso, tiende a tener un sentimiento más elevado del yo y a considerar su éxito más como resultado del trabajo duro que del talento.

Por lo tanto, en este espectro existe una relación inesperada entre propiedad y riesgo. Cuando una persona tiene una alta autoestima y, sin embargo, toma posesión mínima del fracaso, esa persona probablemente se convertirá en alguien que asume poco riesgo. Intuitivamente pensaríamos que la persona que se percibe como más talentosa y menos responsable del fracaso sería alguien que corre más riesgos;

pero lo que se ha descubierto una y otra vez es que una alta perspectiva del yo, unida a una baja responsabilidad personal por el fracaso, puede disminuir la capacidad de la persona de tomar riesgos necesarios y aceptar retos que no garantizan el éxito. Un sentido mejor fundado del yo con una alta responsabilidad personal por el fracaso posiciona a la persona para tener una mayor resiliencia y más valentía cuando enfrenta retos necesarios.

A su vez, también podríamos concluir que la persona que se ve a sí misma como menos talentosa, que ve el éxito como el resultado de su trabajo duro y acepta una alta responsabilidad personal por el fracaso, sería alguien que corre pocos riesgos; pero lo cierto es lo contrario. Cuando aceptamos responsabilidad personal por el fracaso, realmente ganamos poder en lugar de perderlo. Si fue culpa tuya, si es tu fracaso, tú tienes el poder de cambiar el resultado. Si no fue culpa tuya, si no tienes ninguna relación con el fracaso, estás impotente para cambiar tanto el resultado como la posibilidad de éxito.

Puedes escuchar este lenguaje todo el tiempo cuando oyes a ciertos deportistas profesionales durante las entrevistas. Suponiendo que estén en el equipo perdedor, culparán a la alineación de jugadores en su equipo. Sin embargo, si ganan, es probable que afirmen que es una mayor evidencia de su grandeza. Siempre son responsables de la victoria y nunca son responsables de la derrota. Se apropian del éxito, pero nunca del fracaso.

La misma dinámica puede observarse cuando un deportista participa en un deporte individual. Si pierde, puede que afirme que se debe a una lesión, condiciones meteorológicas, o alguna otra variable externa. Si gana, desde luego afirma que eso es mayor evidencia de su grandeza personal. Muchas veces, esa es la razón por la que si un deportista de talla mundial en un deporte individual no está a la altura de las expectativas, inmediatamente despedirá a su entrenador. Piensa que a alguien hay que culpar, y lo más seguro es que no sea culpa de él o ella.

Recientemente conocí al dueño de una empresa, quien compartió conmigo que estaba batallando por la pérdida de empleados que estaban abandonando la empresa. Su industria es una que tiende hacia las amistades y las relaciones personales entre las personas que trabajan juntas. El dueño sentía una profunda sensación de traición, no solo porque los empleados decidieron irse, sino también porque cada vez que se iban culpaban a los dueños por haber creado un ambiente negativo. Yo le recordé al dueño que a lo largo de los años, cuando esos mismos empleados trabajaban para otras empresas, cada vez que se fueron crearon escenarios negativos para justificar su salida.

Cuando tienes una elevada imagen de ti mismo con una baja relación con la responsabilidad personal, tienes que crear un escenario en el cual el culpable sea alguien más o algo más. Lo importante a recordar no es que necesitas tener una imagen más baja de ti mismo (aunque eso quizá también sea cierto), sino que tu poder radica en aceptar responsabilidad personal por tu propia vida.

El camino del guerrero es una senda hacia la apropiación. El guerrero se hace responsable de su vida, de sus actos, y del mundo que le rodea. El guerrero sabe que no posee nada, de modo que puede arriesgarlo todo. El guerrero sabe que la medida de su éxito no está en el resultado, sino en la intención. La valentía para enfrentar el reto es la victoria. El guerrero no tiene miedo a ser expuesto por la derrota. La derrota no hace desfallecer el corazón del guerrero, porque esa persona no lucha por su propia fama, sino por la libertad de los demás.

Si la perspectiva que tienes de ti mismo es mayor de lo que la realidad puede mostrar, escogerás protegerte a ti mismo de mayores riesgos porque no puedes soportar la fuerza contundente del fracaso. Si sabes que el fracaso es un estado temporal y crees que el trabajo duro te ayudará a seguir adelante, es más probable que tomes mayores riesgos. Si tu práctica en la vida es tomar grandes riesgos, estarás demasiado familiarizado con el impacto del fracaso. Irónicamente, si el fracaso no es una opción, tampoco lo es tomar riesgos. El fracaso es un ingrediente inevitable del éxito; y como tú sabes eso, también sabes que el fracaso no es terminal.

Hace años atrás, en Mosaic tuvimos un colapso inmenso en muchos de nuestros eventos. Al día siguiente, todos los líderes de todos los equipos se reunieron para evaluar el colapso. Recuerdo que pedí aclaraciones y planteé lo que yo pensaba que era una pregunta sencilla: "¿Quién es responsable de esta área en particular donde se produjo el colapso?".

Uno por uno, todos los que estaban en la sala me dijeron que no era su responsabilidad. Fue un momento extraño y surrealista estar sentado en una sala llena de ejecutivos donde aparentemente ninguno de ellos era responsable del punto principal de nuestra agenda.

Pausé por un momento, respiré profundamente para pensar, y entonces les di una tarea a todos: "Quiero que encuentren a la persona responsable de esto para así poder despedirla, porque es la única persona que debería estar en esta sala".

Si tú no eres responsable de un problema, no tienes la capacidad de resolverlo. Encuentra a la persona que asuma responsabilidad y habrás encontrado a la persona que tiene la capacidad de producir cambio. No puedes poseer el momento si no tomas posesión. El guerrero puede que nunca posea nada, pero es responsable de las cosas que más importan. Este es el camino del guerrero.

CÓDIGO 6

El guerrero aprovecha su fuerza

El guerrero conoce su poder. Incluso en la derrota, el guerrero nunca está impotente. Incluso cuando es débil, el guerrero conoce su verdadera fuerza. El guerrero tiene un fuego en su interior que siempre arde con fuerza aun en los momentos más oscuros. Sin embargo, el guerrero sabe que el fuego arde solamente si hay más leña para ser consumida. El guerrero entiende la relación existente entre la leña y el fuego, y sabe que el alma es un fuego que debe ser avivado para que arda con fuerza. El guerrero ha aprendido a aprovechar su fuerza, enfocar su poder, y reponer su energía. En esta práctica es donde el guerrero llega a ser como una fuerza de la naturaleza. El guerrero siempre aviva el fuego de su alma.

Para sobrevivir a un largo invierno, el guerrero sale cada mañana para asegurarse de tener leña suficiente para que los fuegos sigan ardiendo dentro de su refugio. Entiende que el fuego es vida. Si se apaga el fuego, el frío podría alcanzarlo, pero mantiene el fuego ardiendo. El guerrero es quien debe alimentar el fuego. Hay algunas preguntas que debes responder: ¿Qué es lo que aviva el fuego en tu interior? ¿Qué es lo que alimenta tu alma? ¿Cuál es la leña que debes trabajar duro para reunir y asegurarte de que tu fuego no se apague?

La leña no es la misma para todo el mundo, aunque hay ciertas cosas que nos avivan a todos. Conocerás la leña de tu alma cuando tu fuego disminuya en su ausencia y cuando tu fuego se intensifique en su presencia. Para identificar tu leña, el alimento de tu fuego, debes tener en mente lo que hace que te sientas más vivo. ¿Qué es lo que enciende tus pasiones? ¿Cuáles son los momentos en los que te sientes más vigorizado?

El guerrero encuentra su mayor fuerza cuando ama para vivir y vive para amar.

El amor es la mayor fuerza del guerrero. Cuando amamos nuestra vida, somos inspirados, alentados y vigorizados para enfrentar incluso los retos más grandes de la vida. Para encontrar tu fuerza, debes conocer la fuente de tu poder y reconocer de dónde proviene. En nuestro nivel más básico, los seres humanos somos energía envuelta en piel. No fuimos diseñados para el letargo, no fuimos hechos para la apatía, y sin duda alguna no fuimos creados para la mediocridad. El guerrero sabe cómo aprovechar su energía y reponerla para la siguiente gran batalla que hay por delante.

Yo vivo en una ciudad en la que las personas no hablan mucho sobre Dios, pero en cambio hablan mucho sobre energía. De hecho, el uso de la palabra *energía* aquí en Los Ángeles se ha convertido casi en un cliché. No puedo decirte cuántas veces ha habido personas, por lo general de la industria del entretenimiento, que se han acercado a mí y lo primero que han dicho es: "Me encanta tu energía". Mi esposa, que se crió en las montañas de Carolina del Norte, aborrece todo sobre el lenguaje de la energía. Creo que le frustra que las personas den el mérito a una fuerza inanimada en lugar de dárselo a un Creador personal. Pero para mí, la energía ha sido un punto de enfoque durante casi cuarenta años. Aunque puede que haya individuos que utilizan la palabra *energía* de maneras muy trilladas o vacías, existe una industria del bienestar totalmente nueva que ha llegado a entenderla como una fuente de salud, sanidad y fuerza.

Parte de mi interés en la energía ha sido muy personal. Hace muchos años atrás, mi mamá me compró mi primer reloj bonito. Fue una pieza de Gucci elegante, pero sencilla. Recuerdo haber sentido que el regalo era muy extravagante; al mirar atrás ahora, entiendo que costó unos cientos de dólares, pero en aquella época en mi vida esa era la renta de un mes. Solamente unas semanas después de haberme puesto el reloj y haberlo llevado con orgullo cada día, dejó de funcionar. Se suponía que ese reloj era de la más alta calidad, y de repente descubrí que era menos fiable que un reloj que se compra en una tienda barata. Quedé a la vez sorprendido y frustrado.

Llevé el reloj a una tienda para repararlo. Los empleados comprobaron la batería, y no había nada incorrecto en eso. De hecho, cuando pasaron a trabajar en el reloj, funcionaba bien. Desde luego, de todos modos le cambiaron la batería; tenían que cobrarme por algo. Me fui un poco confuso, pero también contento de que mi reloj no tuviera defectos.

Pasaron una o dos semanas y de nuevo dejó de funcionar, así que repetí el proceso. Volví a llevar mi reloj a la tienda, y allí comprobaron la batería y la cambiaron aunque estaba bien. El reloj funcionó perfectamente hasta que, desde luego, lo llevé durante otro par de semanas.

Fue entonces cuando comencé a pensar en un concepto extraño: quizá el problema no era el reloj, sino yo mismo, de modo que comencé a probar esa teoría. Me ponía el reloj durante algunos días, y dejaba de funcionar. Lo metía en uno de mis cajones, y entonces unos días después estaba funcionando perfectamente. Tras algunos días de verlo funcionar perfectamente en mi cajón, volvía a ponérmelo y dejaba de funcionar.

Finalmente confirmé mi teoría comprando un segundo reloj. Para mi sorpresa, el segundo reloj tuvo la misma reacción que el primero. Después de llevarlo durante algunos días, dejó de marcar la hora, así que comencé a alternar entre los relojes, y cuando uno se detenía cambiaba al otro. Comencé a investigar y descubrí que aunque es raro, hay un puñado de personas en el mundo que no pueden llevar relojes porque cada reloj que se ponen deja de funcionar. Este fenómeno, por extraño que parezca, se debe a las altas corrientes eléctricas en el cuerpo de algunas personas. Dependiendo del nivel de corrientes eléctricas que haya en tu cuerpo o si has sido expuesto a elevados volúmenes de electricidad, literalmente puedes interferir en el funcionamiento interno de tu reloj. Parece casi una locura que una de las cinco razones principales por las que un reloj ha dejado de funcionar es que ciertos seres humanos emiten elevadas corrientes eléctricas.[68] Yo no creía eso, excepto que me sucede a mí cada vez. Puedo compartir contigo solamente mi experiencia personal. Por años no pude llevar un reloj durante más de unos pocos días seguidos. En la parte positiva, eso me lanzó a mi pasatiempo de coleccionar relojes; de este modo siempre tengo un reloj que funciona para poder ponérmelo en rotación.

En cierto momento en mi vida, me encontré teniendo la misma experiencia con nuestras computadoras de la vieja escuela. No es poco importante que un ser humano pueda tener tanta energía que literalmente puede apagar una computadora.

El aspecto más frustrante de esto es cuán frecuentemente las alarmas de seguridad en los aeropuertos saltan cuando yo atravieso los detectores de metales. Desde 2001 siempre sucede que soy objeto de una "búsqueda aleatoria". En uno de mis viajes más recientes, pregunté al agente de seguridad a qué se debe que las alarmas suenen constantemente cuando yo paso por el detector, y me explicó que están programadas para identificar frecuencias eléctricas más elevadas, y si sucede que uno tiene una frecuencia eléctrica más elevada, hace que salten las alarmas.

Todo esto es para explicar por qué tengo tal fascinación con la energía a nivel personal y por qué, incluso cuando el lenguaje de la energía no ha sido utilizado comúnmente en las conversaciones de nuestro viaje de fe, es más importante de lo que quizás sepas. Sencillamente tú no tienes energía; tú *eres* energía.

E = McManus^2

Probablemente la aportación más popular y significativa que hizo Albert Einstein a la ciencia moderna es su fórmula $E = mc^2$. La teoría de Einstein de la relatividad especial afirma que el aumento de la masa relativista (m) de un cuerpo viene de la energía de movimiento del cuerpo, que es energía cinética (E) dividida entre la velocidad de la luz al cuadrado

(c^2).[69] Básicamente, él explicó la relación existente entre masa y energía: la energía es igual a la masa multiplicada por la velocidad de la luz al cuadrado.

En términos prácticos, mientras menos energía, más sólida es la masa. Mientras más energía, más fluida y dinámica es la masa. En otras palabras, una roca crea menos energía que un río. Para nuestros propósitos, una persona apática tiene menos energía que una persona llena de pasión. La madera tiene el potencial de ser energía. El fuego activa la energía dentro de la madera. También he visto $E = mc^2$ como una abreviatura de Erwin McManus.

Pero lo que Einstein llegó a entender sobre el universo tiene tanta importancia para nuestra vida personal como la que tiene para una comprensión de la realidad. Los seres humanos antes entendían masa y energía como dos cosas diferentes. Habría sido considerado una superstición entender que el material que forma un barco es de la misma esencia que el material que forma el océano. En muchos aspectos, la ciencia es ahora más increíble de lo que lo era la magia hace tres mil años atrás. Esto queda captado en la idea de que energía es igual a la suma total de masa en relación con la velocidad de la luz en un vacío. O para resumir, energía y materia son dos formas diferentes de la misma cosa. Parece como magia que energía y materia sean dos formas diferentes de la misma cosa, pero la ciencia es a veces más extraña que la ficción.

El modo en que mi mente simple traduce todo esto, es entendiendo que el carbón está hecho del mismo material que el fuego. Simplemente el carbón está menos motivado, o para ser más concreto, menos vigorizado. También significa que, aunque sabemos que la energía no puede destruirse ni crearse, puede ser liberada o contenida. Por lo tanto, el potencial de un objeto inmóvil puede ser mucho más dinámico de lo que parece si se aplica el calor adecuado. Por ejemplo, el carbón contiene en su interior una energía tremenda para dar calor, y en realidad se convierte en energía termal cuando se prende. Lo que quiero compartir contigo puede parecer figurado, pero es realmente más literal de lo que puedas pensar. Tú naciste como un pedazo de carbón; debes convertirte en fuego. Esto es parte del viaje del guerrero. Encontrar el fuego que arde en tu interior es fundamental para el camino del guerrero.

Veo el contraste cada día, no solo aquí en Los Ángeles, sino también cuando viajo por todo el mundo. Conozco a personas de todos los ámbitos que parecen tener una energía ilimitada para lo que hacen. Sus campos escogidos son con frecuencia tan variados e inesperados como es humanamente posible. Algunos son médicos, algunos son arquitectos, otros son pintores y aún otros son bailarines. Otros son cocineros, camareros, maestros o investigadores.

Aunque sus profesiones puede que no tengan nada en común, sus labores tienen una cosa en común: tienen energía ilimitada para lo que hacen. Su energía se materializa en el trabajo duro, determinación, resiliencia, excelencia y pasión. Sorprendentemente, la misma pasión que demuestran en el trabajo afecta cada aspecto de sus vidas. A veces su pasión lo consume todo; aman su trabajo y descuidan sus relaciones. Son impulsados hacia crear un gran arte y parece que no tienen ningún interés en crear una gran riqueza. Algunas de las mayores obras que este mundo haya visto jamás fueron creadas por individuos con una pasión consumidora.

Hay otros que tienen el mismo nivel de intensidad, que expresan el mismo nivel de pasión, pero esa pasión no está aislada hacia un enfoque singular, sino hacia la vida misma. Estas personas sienten pasión por su trabajo, pasión por su familia, y pasión por experimentar la belleza y la maravilla de la vida. También ellos aportan una energía ilimitada a todo lo que hacen, pero su energía está menos enfocada en lo que hacen que en quiénes son. Han descubierto el secreto para estar plenamente vivos, y han aprendido que la energía empleada debe ser también renovada. Han descubierto la importancia de ocuparse de su mundo privado y han reconocido que su verdadera fuerza proviene del interior. Ellos saben que liberar más energía de la que reciben es algo peligroso.

El guerrero sabe que no es la fuente suprema de su propia fuerza. Sabe que el fuego en su interior puede apagarse si no se cuida adecuadamente, pero está diseñado para vivir con pasión. Hay un modo por defecto al que podemos rendirnos, donde simplemente existimos, paralizados por la apatía, la desesperación o el desaliento. Puede parecer como si el temor fuera un combustible para el fuego, pero al final, lo único que hace es disminuirlo. El temor consume nuestra energía, mientras que la fe la restaura. Cuando vives por fe, encuentras energía para vivir tu vida con fuerza máxima.

El guerrero también sabe que el fuego en su interior puede convertirse en una fuerza destructiva. El fuego interior puede ser avivado con la leña equivocada cuando somos consumidos por el enojo, la envidia, la amargura, los celos o el odio. El fuego destruye no solo muestra propia alma, sino también las vidas de quienes se sitúan dentro del rango de alcance de nuestras llamas. El guerrero conoce el peligro de este fuego y entiende que solamente puede ser consumido por un fuego mayor. Cuando Jesús nos dice que los mandamientos más importantes de Dios son amarlo a Él con todo nuestro corazón, toda nuestra alma, toda nuestra mente y toda nuestra fuerza y amar a nuestro prójimo como a nosotros mismos, son mandatos de conocer a Dios como el fuego consumidor que arde dentro de nuestra alma.

Red de energía

Pocas personas aquí en Los Ángeles han logrado tanto como mi amigo Mark Burnett. En una ocasión le pregunté cuál es la característica número uno que él busca cuando contrata miembros clave del personal. Sin vacilación me respondió: "Energía".

No debería haberme sorprendido, porque Mark es una de las personas más enérgicas que he conocido jamás. No es una exageración decir que cuando Mark Burnett está en una habitación, es eléctrico. Es divertido recordar la primera vez que lo conocí. Yo acababa de hablar en una conferencia, y cuando me bajé del escenario, él me dijo: "Tienes mucha energía". Al conocerlo mejor ahora, tomo eso como su mayor elogio. No era un cliché; era una observación genuina de una persona cuya propia energía admiro profundamente.

Cuando vemos a un niño pequeño que está fuera de control, podríamos describirlo como lleno de energía. Sin duda, como padre he visto que distintos niños tienen distintos niveles de energía. Parte de esto es claramente genético, y sin embargo un aspecto importante de nuestra energía está relacionado con el modo en que enfocamos la vida y si hemos encontrado una vida que nos vigoriza.

Quiero ser perfectamente transparente: yo no tengo una energía interminable. De hecho, incluso mientras escribo estas palabras siento un agotamiento que se ha abierto camino hasta lo más profundo de mis huesos. Estoy realmente cansado. No cansado como un deportista olímpico, pero ese tipo de cansancio del alma que hace que te sientas como si te estuvieras ahogando en un agujero negro de agotamiento. ¿Lo has sentido alguna vez?

Una cosa es disfrutar en un momento en el cual tienes mucha energía, pero esa no es la medida de tu fuerza. El guerrero conoce su fuerza solamente cuando está en su debilidad. Por eso es crítico evaluar qué cosas en tu vida te producen energía y qué cosas te la roban. Nuestra necesidad de energía para poder vivir a nivel óptimo se ha convertido en una parte común de nuestro lenguaje cotidiano.

Cada mañana, millones de personas se despiertan con una meta: conseguir esa primera taza de café que les dará la fuerza para llegar hasta su segunda taza de café. Y aunque el café puede funcionar bien como tu adicción, es mucho más que eso. El café, en su esencia, es energía concentrada clasificada como cafeína. Ese jugo de naranja que te bebiste es energía. De hecho, todo lo que consumes es energía.

Actualmente tenemos toda una industria desarrollada en torno al consumo conveniente de energía. Tenemos bebidas energéticas, barritas energéticas, e incluso coaches de energía. Todos hemos aprendido la difícil lección de que nunca se le debe dar a un niño acceso libre a los dulces. El azúcar es pura energía. También hemos llegado a entender la relación de la energía con nuestra salud física.

Si consumes más energía de la que gastas, tu cuerpo comienza a almacenar esa energía como grasa. Durante los últimos años ha surgido un número interminable de programas y estrategias para la pérdida de peso. Sin embargo, hay una fórmula sencilla que siempre sigue siendo cierta: si gastas más energía de la que consumes, perderás peso. Si consumes más energía de la que gastas, subirás de peso. Eres a la vez un conducto de energía y un recipiente de energía. Y a pesar de cuán desconcertante pueda parecer, incluso si has escogido una vida de letargo, en tu núcleo sigues siendo una pelota de energía.

Por lo tanto, ¿cómo puede ser que *somos* energía y podemos vivir vidas sin energía? ¿Has intentado hacer un fuego con leña mojada o carbones mojados? El material que normalmente ardería con facilidad y fuerza pierde su capacidad de producir calor y crear fuego. Existen condiciones del espíritu humano que nos roban no solo nuestra energía, sino también nuestra pasión y deseo de vivir la vida plenamente.

El guerrero sabe que el tipo de combustible que alimenta su alma afecta el fuego que arde en su interior. A veces el fuego disminuye, y otras veces está mal dirigido. El guerrero escoge el combustible adecuado para su fuego. El guerrero sabe que su corazón es el horno. El guerrero sabe que su pasión es su fuente de fuerza. El guerrero conoce esta verdad: si pierde su fuego, pierde su fuerza.

Nada robará nuestra fuerza como vivir vidas que no amamos. Perseguir lo que amamos es estar vigorizados por la vida. Si no podemos encontrar la energía para vivir, no hemos encontrado un amor por el que vale la pena vivir. Los guerreros han encontrado energía abundante, porque han encontrado amor abundante. Existe una relación directa entre lo que hacemos y la energía que tenemos para hacerlo. Todo el mundo tiene una red de energía. El modo en que almacenamos energía es mediante nuestros deseos, valores, pasiones, esperanzas, sueños y aspiraciones, y en última instancia nuestra mayor capacidad para almacenar energía es mediante lo que amamos.

Apagones escalonados

Siempre me ha resultado inquietante que las personas pueden realmente vivir sus vidas sin pasión. A lo largo de muchos años de trabajar con líderes y ser mentor de líderes en potencia, he llegado a entender que no todas las personas llevan con ellas el mismo nivel de energía. También he llegado a saber que incluso en nuestra propia vida, cada uno de nosotros experimenta una variación inmensa en la cantidad de energía que siente o tiene disponible para encarar los mayores retos y crisis de la vida.

Recuerdo hace unos años atrás cuando había estado viajando durante unas dos semanas y era mi primera noche de regreso en casa. Entré por la puerta, y después de decir hola, Kim respondió con: "¿Te importaría sacar la basura?". Después de décadas de matrimonio, debería haber sido capaz de traducir eso a su significado original: *Estoy muy contenta de que estés en casa. Te amo, y necesito mucho tu ayuda, más de lo que las palabras pueden expresar*. Eso, para quienes no saben leer entre líneas, era todo lo que ella estaba diciendo al decir: "¿Te importaría sacar la basura?".

Mi respuesta, sin embargo, fue menos de lo que yo habría esperado de mí mismo. La miré, frustrado y agotado por mi largo viaje, y dije: "Acabo de entrar por la puerta. Estoy muy cansado. ¿Podrías dejarme descansar durante un rato?". Ella inmediatamente se sintió muy mal, y dijo: "Claro que sí. Lo siento. Siéntate y recupera el aliento".

Pasaron algunos minutos, y uno de mis amigos me hizo una llamada. Me dijo que tenía a su disposición una cancha de básquet y que algunos de los muchachos iban a ir a jugar, y quería saber si yo podía acompañarlos. Supe inmediatamente que estaba en una situación tensa, así que dije: "Deja que vuelva a llamarte. Tengo que preguntarle a Kim si estaría bien si voy". Quiero añadir una pequeña nota al pie aquí: no necesito el permiso de mi esposa para ir a jugar al básquet, pero sí lo necesito si quiero estar feliz y vivir una vida larga y fructífera.

Recuerdo que caminé con cautela en dirección a donde estaba Kim. Creo que ella estaba cocinando algo. Dije: "Cariño, después de sacar la basura me preguntaba si podría ir a jugar al básquet con los muchachos". Pude ver el fuego en su mirada.

Ella respondió: "Oh, no, nunca te dejaría hacer eso. Estás muy cansado. Estás demasiado cansado para jugar al básquet. Ni siquiera tienes la energía para sacar la basura. Siéntate y descansa".

Realmente no puedo explicar lo que sucedió. Yo estaba agotado cuando ella me pidió que sacara la basura, pero de repente me sentí lleno de energía, la energía suficiente para jugar al básquet y sacar la basura. Ella debería haber visto aquello como nada menos que un milagro, un regalo de Dios.

Ahora bien, podrías pensar que yo estaba siendo selectivo, pero en realidad estaba sucediendo algo único. Las cosas que nos gusta hacer nos vigorizan; las cosas que no nos gusta hacer nos cuestan energía. Llega mucho más lejos que el conflicto entre sacar la basura y jugar al básquet. Cada día de tu vida escoges entregarte a esas cosas que te dan energía o escoges entregarte a esas cosas que te cuestan energía.

En los casi treinta años que hemos vivido en Los Ángeles, hemos enfrentado numerosas crisis de energía en el estado de California. Dos términos con los que me he familiarizado son *caídas de potencia* y *apagones escalonados*. En el primer caso, tienes acceso limitado a la energía; en el segundo, experimentas pérdidas de energía temporales. Durante esos periodos, recordábamos constantemente que es posible gastar más energía de la que realmente tenemos. Experimentamos condiciones similares en Beirut, donde la pérdida de energía a menudo se producía sin aviso y en los momentos más inconvenientes.

Si no tenemos cuidado, podemos experimentar el mismo fenómeno en nuestra vida personal. Cada día tomamos decisiones para conservar energía, gastar energía, consumir energía y restaurar energía. Incluso cuando somos vigorizados por la vida, aún así eso nos deja sin energía. Las cosas que nos vigorizan también pueden agotarnos.

Vigorizante y agotador no son cosas diametralmente opuestas. Las cosas que te dan energía también te cuestan energía, pero ese costo tiene un beneficio. Las cosas que más te vigorizan realmente podrían costarte el máximo de energía. Podrían ser las cosas más difíciles que haces; podrían ser los retos más difíciles de tu vida. Pero cuando te están vigorizando, no te encuentras con un déficit de energía porque a pesar de lo que te cueste, el beneficio es mayor.

Me encanta jugar al básquet, y puedo decir que me vigoriza genuinamente; también me deja totalmente agotado y sin energía. Me encanta escribir libros. Siempre soy vigorizado cuando emprendo un proyecto nuevo, y siempre me deja alegre y agotado. Cuando mis hijos tenían cinco y ocho años, eran las criaturas más adorables del planeta. Nada me producía mayor alegría que pasar tiempo con ellos y disfrutar de su energía interminable. También eran agotadores. Y creo que es justo decir que la educación de los hijos quizá sea el trabajo más difícil del mundo.

Solamente porque te guste algo no significa que no te cueste algo. De hecho, puede ser cierto lo contrario. Tal vez te apasione tanto un proyecto que le dedicas cada gramo de energía que tienes. La diferencia entre esas cosas que nos vigorizan, que nos cuestan energía, y esas cosas que nos roban nuestra energía, es que una de ellas es un resultado de un proceso creativo y la otra simplemente consume nuestra fuerza sin dar beneficios.

Cuando hago la contabilidad, no hay nada al respecto que me vigorice. Cuando tengo que hablar con un miembro del equipo que no está ejecutando al nivel esperado, eso me deja sin vida. La preocupación roba energía; el temor roba energía; el enojo roba energía. Cada uno a su propio modo crea una energía negativa, lo que podríamos llamar una energía oscura. Es como un agujero negro que consume toda la energía en tu alma. Incluso cosas buenas que tú no tenías que hacer pueden robarte la energía. Sin duda, vivir una vida sin propósito o participar en tareas que te parecen sin sentido te robará toda la energía que necesitas para vivir.

Algunos de nosotros nos hemos acostumbrado a vivir con "apagones escalonados". Vamos a trabajar con déficit de energía y vivimos para los fines de semana, cuando podemos seguir lo que nos apasiona. ¿No es esa la tragedia de por qué damos "gracias a Dios que es viernes"? Qué lástima trabajar cinco días simplemente para poder vivir dos.

Cuando te encuentres aceptando proyectos o responsabilidades por los cuales no sientes pasión, necesitarás una manera de reponer la energía que perdiste cumpliendo con esas responsabilidades. Irónicamente, por eso debes escoger tus batallas con cuidado. Si peleas una batalla que en realidad no te importa, eso te robará la fuerza. El guerrero encuentra su fuerza porque pelea solamente batallas que importan.

Energía emocional

¿Te vigoriza tu vida, o te roba cada gramo de fuerza que necesitas simplemente para existir? En mi experiencia, la mayoría de nosotros experimentamos la vida en extremos no realistas. O amamos nuestra vida o la aborrecemos. O tenemos una vida que deseamos o deseamos tener una vida totalmente diferente. O somos vigorizados completamente por la vida que tenemos, o nos agota por completo. Experimentamos la vida en extremos, pero esa no es la realidad en la cual vivimos.

Es de esperar que puedas encontrar *algo* que amas incluso en las cosas que aborreces. Incluso cuando las personas aborrecen su empleo, con frecuencia encuentran un modo de compensarlo viviendo la vida que aman los fines de semana. El problema es que es imposible segmentar tu vida permanentemente. Si aborreces tu trabajo, pero amas tu matrimonio, al final un área afectará, e infectará, a la otra. Si eres infeliz en tus relaciones, esa infelicidad comenzará a afectar todas las demás áreas de tu vida.

Emociones negativas como amargura, falta de perdón, celos, envidia, e incluso codicia, enviarán tu energía en una dirección que no alimenta tu alma sino que, de hecho, te deja sintiéndote sin vida y vacío. Pero no son solo las emociones negativas. Nunca deberías de vivir tu vida en punto muerto. Vivir una vida que te deja sintiéndote indiferente o apático es la senda hacia una muerte lenta. Si levantarte en la mañana es una lucha y te encuentras sin la energía para participar plenamente de la vida, puedes estar seguro de que no estás viviendo la vida para la cual fuiste creado.

Eres creado para vivir una vida de pasión y compasión. Cuando vives una vida de pasión, eso te mueve a la acción. Cuando vives una vida de compasión, eso te mueve más allá de ti mismo a una vida de servicio. Las emociones negativas dirigen toda tu energía hacia adentro y te conviertes en un agujero negro emocional. Cuando vives una vida de pasión, aprovechas tu energía para participar plenamente en el proceso creativo llamado vida.

Mientras más pasión tienes por algo, más energía tienes para darle. Quienes parecen tener energía abundante son quienes viven sus vidas para su pasión más profunda. ¿De dónde, entonces, viene la pasión? Pasión es amor encendido. Por eso el guerrero sabe que esto es cierto: que el amor es la fuerza más poderosa del mundo, que el amor es la mayor fuerza del guerrero, que el camino del guerrero es siempre amor.

El guerrero tiene dominio sobre su mundo interior. El guerrero entiende el proceso requerido para gastar, preservar y renovar su energía. Sabe que su energía fluye de sus pasiones, que su pasión debe fluir del amor, que es el amor lo que le da gozo supremo, y que es el gozo donde encuentra su fuerza. El camino del guerrero no tiene lugar para el enojo, el odio o la violencia. Esas son las emociones de hombres más débiles. La fuerza del guerrero llega no en el odio, sino en el amor; no en el enojo, sino en el gozo; no en la codicia, sino en la pasión.

El guerrero que ha encontrado gozo supremo puede vencer cualquier cosa. Ha aprendido que las luchas de la vida son más de las que uno puede soportar sin gozo. La Biblia nos dice que el gozo del Señor es nuestra fuerza.[70] En todas las batallas que pelearemos, en todas las luchas que enfrentaremos, en todas las heridas que soportaremos, solamente las personas que estén llenas de gozo encontrarán la fuerza para elevarse por encima de ellas. Vivir una vida de pasión alimentada por el amor y el gozo es estar plenamente vivo.

Las emociones negativas se plantean como combustible o pasión; y aunque sí hacen que te quemes, no te conducen a crear, sino más bien a destruir. El enojo puede verse como pasión; el odio puede verse como intención; la codicia puede verse como motivación. Emociones oscuras como odio, enojo y codicia redirigen la energía hacia una fuerza destructiva. De hecho, lo único que hacen es robarte tu futuro y convertir tu alma no en un fuego, sino en un pozo de cenizas.

Yo nací en San Salvador, El Salvador. Llegué a los Estados Unidos cuando era un niño y no pude regresar a mi tierra natal por muchos años debido al historial de violencia de mi país. La mayor parte del mundo conoce El Salvador como una tierra de guerra y revoluciones interminables. Solamente de una historia que ha conocido solo guerra y violencia podría haberse creado una expresión de nuestra inhumanidad con las bandas criminales internacionales MS-13. Niños con mucha promesa y potencial, jóvenes con increíble inteligencia y talento, enfrentando futuros sin esperanza y alimentados por la ira y la codicia, se convirtieron en los fundadores de las bandas más violentas e inhumanas del mundo. Las emociones negativas pueden convertirnos en fuerzas, pero sin importar cuánto poder podamos adquirir, nunca nos convertirán en fuerzas creativas. Movimientos nacidos del enojo, el odio, el temor o la codicia solamente aprovechan nuestra energía para convertirnos en fuerzas destructivas.

Hay otras emociones negativas que nos mueven no hacia un patrón de destrucción, sino de letargo y apatía. Nada te robará la energía como la preocupación y el temor. La preocupación consume tu energía sin productividad. Yo he pasado demasiados momentos de mi vida preocupándome, muchos más de lo que me importaría admitir y, sin embargo, puedo decir sin excepción que mi preocupación nunca ha mejorado ninguna cosa. La preocupación es un desperdicio de energía. Emociones como ansiedad y estrés son el resultado de energía desatada y mal dirigida por nuestros temores y dudas. El temor se parece a un fuego excepto que no crea luz, solamente oscuridad. Cuando tenemos miedo, nuestra energía es consumida por la oscuridad de nuestra alma. El temor es como un agujero negro que consume toda la luz. Nos roba toda nuestra energía y nos deja desvalidos.

Lo mismo sucede con la duda. Cuando dudas, vacilas. Cuando el guerrero vacila, enfrenta una derrota segura. Se nos dice que "quien duda es como las olas del mar, agitadas y llevadas de un lado a otro por el viento. Quien es así no piense que va a recibir cosa alguna del Señor; es indeciso e inconstante en todo lo que hace".[71]

Cuando dudas, tu energía hace guerra contra sí misma; se vuelve desatada y desenfocada, y pierde su poder. Hay una fuerza que llega cuando tienes confianza, e incluso si fallas, te has entregado a la batalla correcta. Empleamos gran parte de nuestras vidas intentando asegurarnos de tener razón sobre el qué, el dónde, el cuándo y el cómo, y muy poco tiempo asegurándonos de tener razón sobre el porqué. El porqué es la única batalla sobre la que necesitas tener razón; es la única área en la que no puedes permitirte estar equivocado. Puedes estar inseguro en todo lo demás, pero necesitas conocer tu porqué.

Tu porqué es la luz que guiará tu camino.

Tu porqué es la luz que te mueve hacia delante en la oscuridad.

Tu porqué es el porqué de que estés vivo.

Si no conoces tu porqué, meramente existirás y no vivirás. Tu porqué es tu verdad, y cuando conoces la verdad, te hace libre. Cuando conoces tu porqué, conoces tu fuerza.

Tu porqué da significado a la lucha.

Tu porqué da propósito a cada batalla.

Tu porqué produce intención, incluso a tu sufrimiento.

Cuando conoces el porqué de tu vida, encuentras la fuerza para vivir.

No debería sorprendernos que cuando vivimos en la luz, encontramos nuestra mayor energía. Y también es cierto lo contrario. Cuando vivimos en la oscuridad, perdemos nuestra fuerza. La oscuridad más grande es no tener sentido para nuestra vida. Vivir sin sentido o significado es caminar en la oscuridad.

Demasiado de la historia humana ha sido escrito por individuos impulsados por las pasiones equivocadas. Dictadores, tiranos y déspotas han marcado la historia humana con destrucción y desesperanza. El trasfondo no escrito de estas historias es que hubo numerosas multitudes sin el poder para hacer algo con respecto a la violencia que les sobrecogió. Un estudio detallado de la historia nos recuerda que a menudo hubo quienes tuvieron en su poder poner fin a la violencia, poner fin a la injusticia, y poner fin a la pobreza. La dolorosa verdad es que sencillamente no les importó lo suficiente para actuar.

Quienes están alimentados por la codicia y el odio siempre prevalecerán si su única oposición es por parte de quienes viven en apatía e indiferencia. La gran riqueza del mundo siempre estará en las manos equivocadas si solamente los codiciosos son impulsados a crear riqueza. Demasiado de la historia ha sido allanado por quienes tenían intenciones destructivas. Sin embargo, para mí esa no es la mayor tragedia de la historia humana. La mayor tragedia es la historia de fondo que no se ha contado. Simplemente estamos viendo desarrollarse la historia delante de nuestros propios ojos en lugar de decidir pagar el precio para cambiar su curso. El futuro será creado por quienes tengan la valentía de crearlo. Se desarrollará un mundo mejor solamente si encontramos la fuerza y la energía para dedicarle nuestras vidas.

Imagina qué sucedería si nos despertáramos en la mañana vigorizados con esperanza, consumidos por el amor y empoderados por la fe. Imagina el poder de quienes ya no desean quedarse en el medio, sino que, en cambio, deciden defender el amor contra el odio; el perdón contra la amargura; la esperanza contra la desesperanza; y la libertad contra la injusticia. Imagina si cada persona que hoy simplemente lamenta la decadencia de la sociedad reuniera, en cambio, toda su energía y comenzara a hacer algo para lograr que el mundo sea un poquito mejor. Lo único que necesita la maldad para prevalecer es que hombres buenos no hagan nada.[72] Pero si no hacemos nada, ¿podemos ser llamados "buenos" en alguna medida?

Haz frente a tu dolor

El guerrero ha aprendido a nunca subestimar su fuerza. Solamente cuando escoges el camino del guerrero es cuando descubres cuán fuerte eres realmente y entiendes que hay mucho más en ti de lo que podrías creer nunca. Donde antes quizá veías el dolor como la frontera de tus limitaciones, ahora sabes que hay una senda que puedes recorrer si estás dispuesto a atravesar tu dolor.

La tarde que salí del hospital Huntington Memorial, aproximadamente dieciocho horas después de seis horas de cirugía para extirpar el cáncer, finalmente me permitieron irme a casa, pero solamente tras haberme obligado a comer al menos una comida del hospital (ahora bien, eso fue un dolor casi insoportable). Kim me llevó a casa con un séquito preocupado formado por mi hijo, mi hija y su esposo, y otros familiares y amigos.

Cuando llegué a casa, parecía como si Kim hubiera preparado nuestro cuarto para que yo no volviera a salir nunca de la casa. Compró un refrigerador grande y lo puso en nuestro cuarto para que yo pudiera tener a mi disposición comidas y bebidas en todo momento. Había comprado un sillón electrónico que se convertía en cama pulsando un botón, para que yo nunca tuviera que moverme utilizando mi propia fuerza. Nadie esperaba que me recuperase rápidamente o que me forzara a mí mismo demasiado.

Si he aprendido una cosa en la vida, es que si no utilizas tu fuerza, la perderás. No había ningún modo cómodo de escapar a mis limitaciones. Salí del hospital con un catéter, que es un instrumento de bárbaros utilizado para la humillación de los varones. Eso por sí solo alentaría a una persona a mantenerse escondida en su cuarto. Subir y bajar escaleras era otro freno real a mi deseo de escapar a los límites de nuestro cuarto.

Se habló de que el catéter tendría que continuar hasta un mes más, y eso a mí me parecía inaceptable. Debido a mi insistencia, me quitaron el catéter tras una semana aproximadamente. Es extraño descubrir una debilidad donde tenías una fortaleza que anteriormente dabas por hecha. Recuperar la fuerza para controlar mi propio cuerpo no ha carecido de una profunda sensación de humillación y frustración. El proceso de recuperar mi fuerza, y de hecho reclamarla, ha tenido más texturas y capas de lo que nunca había imaginado.

Unas dos semanas después de mi cirugía llamé al Dr. Khalili, quien había realizado la operación y supervisaba mi recuperación, y le pregunté cuál era el récord mundial para la recuperación de esa cirugía y volver a jugar al básquet. Evidentemente, no había registrado ningún récord mundial, y eso por sí solo me emocionaba, ya que siempre había querido tener uno. No puedo exagerar cuán protectores han sido mi esposa y mis hijos durante toda mi recuperación. Estoy rodeado por personas que me quieren y se preocupan por las decisiones que tomo cuando se trata de mi bienestar.

Al haber sido deportista, entiendo la relación entre dolor y progreso; no hay progreso sin dolor. Y si no hay dolor, no hay progreso. A ese respecto, tú mismo te conviertes en el límite de tu propia libertad. Esto también es cierto en el camino del guerrero: el progreso requiere dolor y sacrificio. Tú eres quien establece qué puedes y no puedes hacer. El talento nunca será la causa suprema de tu éxito. Puede que tengas un talento increíble; tal vez genéticamente se te hayan otorgado unas habilidades naturales tan extraordinarias que tu potencial sobrepasa enormemente a todos los demás en tu campo. Pero no es el talento lo que determina tus limitaciones: es la tenacidad. El legado del guerrero puede escribirse solamente al otro lado de su dolor. El camino del guerrero nos enseña que no podemos estar en pie ante nuestra grandeza si no podemos estar en pie ante nuestro dolor.

Levántate por encima de tu dolor

Por lo tanto, me puse una meta a mí mismo. Con seis agujeros en mi estómago unidos por pegamento (evidentemente ya no utilizan grapas), decidí que encontraría un modo de escapar del arresto domiciliario y correr libre por una cancha de básquet. El viaje comenzó lentamente. Decidí aceptar mi humillación y comencé dando paseos por nuestro barrio, haciendo rodar el catéter a mi lado. Me obligué a mí mismo a dar largos paseos y comencé a subir y bajar escaleras desde el segundo día de mi recuperación.

Exactamente tres semanas después (lo sé porque quería asegurarme de que tendría siempre el récord mundial) metí todo mi equipo de básquet en un bolso deportivo y lo lancé por la escalera para que mi dulce esposa no me viera salir con él. Le dije a Kim que iba a salir un rato, y ella enseguida me miró con sospecha. "¿A qué te refieres con que vas a salir?". Le expliqué que iba a reunirme con algunos de los muchachos y salir de la casa. Solo necesitaba disfrutar de la compañía de buenos amigos. Creo que justo antes de irme, ella dijo algo parecido a lo siguiente: "No hagas nada estúpido". No sé por qué las esposas desperdician palabras así con sus esposos. Claro que vamos a hacer algo estúpido; es inherente a nuestra naturaleza.

Conduje hasta un gimnasio local que algunos de nosotros habíamos rentado para la ocasión. En cuanto vi a todos mis colegas, me sentí totalmente vigorizado. Podía sentir que recuperaba la fuerza antes de calzarme mis Jordans y sostener el cuero en mi mano. Aquel día jugamos por dos horas. Algunos de los agujeros en mi estómago se abrieron, y hubo un poco de sangre en el camino, pero nada que afectara mi juego. Sé que parece poco, pero correr por esa cancha, detenerme de repente, lanzar triples sobre mis camaradas más jóvenes y sanos, puede que me haya salvado la vida tanto como la cirugía.

Incluso si no escuchas ninguna otra cosa que te digo, entiende esto: tu libertad está al otro lado de tus temores. Tu grandeza yace al otro lado de tu dolor. Nunca vivirás la vida que fuiste creado para vivir o lograrás tus mayores sueños si no estás dispuesto a soportar el peso de esa grandeza y pagar el precio del dolor que demanda el viaje.

Además de escribir, quizá el área que me ha permitido hacer mayor bien ha sido la de orador. Por alguna razón, siempre me he sentido incómodo con denominarme a mí mismo predicador. Quizá es esa connotación de la vieja escuela que supone que estás predicando a las personas. Pero me resulta increíblemente satisfactorio saber que puedes declarar vida a las personas, que las palabras tienen el poder de cambiar el futuro de ellas. Por lo tanto, me dije a mí mismo: *No puedes subir a una plataforma a predicar hasta que tengas la fuerza para driblar y manejar.* Jugar al básquet es solo un placer. Declarar vida a las personas: esa es mi pasión.

La razón por la que hablo contigo de esta parte de mi historia es para que no subestimes tu propia fuerza, para que conozcas tu propio poder. Quizá estés leyendo estas palabras y sientas como si hubieras perdido tu espíritu, tu energía, tu voluntad. Sin embargo, no es casual que la palabra *ánimo* signifique poner valentía en alguien, y la palabra *inspiración* signifique soplar en la persona. Dios quiere poner en ti valentía y espíritu; quiere restaurar tu fuerza.

Fuerza en los números

Isaías habló a personas que pensaban que no podían dar un paso más; les llevó ánimo e inspiración: "Él fortalece al cansado y acrecienta las fuerzas del débil. Aun los jóvenes se cansan, se fatigan, y los muchachos tropiezan y caen; pero los que confían en el Señor renovarán sus fuerzas, volarán como las águilas: correrán y no se fatigarán, caminarán y no se cansarán".[73]

Al mirar atrás, entiendo que la fuerza que encontré no estaba solamente en la fuerza que Dios puso en mí, sino también en la fuerza de las personas que me rodeaban. No fue solamente el poder de las personas que me rodeaban, sino cómo sus voces fundamentaron y formaron quién soy. Tu tribu moldeará tu identidad, y tu identidad moldeará tu futuro. Hay algo misterioso sobre el modo en que estamos diseñados los seres humanos. Estamos diseñados para ser fortalecidos por la fuerza de otras personas; encontramos valentía en la valentía de otros; somos vigorizados e inspirados mediante la energía e inspiración de los demás. Si estás lleno de inercia y no puedes encontrar tu camino de regreso a la fortaleza, entonces encuentra tu camino de regreso a personas que son fuertes. Métete en un entorno lleno de optimismo y esperanza. Permite que tu alma sea alimentada por la valentía e inspiración de otros.

Tengo el gran privilegio de reunirme y conocer a algunas de las personas más extraordinarias del mundo. Una de esas personas es la instructora de fitness Angela Manuel-Davis. No creo que sea una exageración decir que aquí en Los Ángeles, Angela sería considerada realeza. Su reino se encuentra en una pequeña sala en West Hollywood conocida como

SoulCycle, una marca de fitness que fue conocida por muchos mediante Oprah Winfrey. Conocí a Angela en Mosaic con su esposo, Jerome. Fue entonces cuando comencé a saber más sobre la singularidad de Angela y Jerome, y también sobre SoulCycle, una fuerza que estaba barriendo la nación.

Es asombroso el tipo de influencia que puede tener un líder en una sala que apenas alberga a sesenta personas. Durante sesenta minutos, Ángela lleva al ciclista a un viaje en una bicicleta que nunca se mueve. Ahora bien, aunque la bicicleta nunca llega a ninguna parte, *tú* sí lo haces.

Sinceramente, describir esa sala como reino probablemente no sea la descripción más precisa. Al haber experimentado ahora lo que sucede en esa sala, entiendo que para quienes están presentes es una iglesia, o al menos una experiencia profundamente espiritual. Durante sesenta minutos, algunos de los artistas y celebridades más influyentes de Hollywood entran en el mundo de Ángela y le permiten hablar a sus vidas. Ella tiene los oídos precisamente de los artistas e *influencers* que tienen el oído de nuestra cultura.

Ángela y Jerome no dejaban de invitarme a que asistiera, pero francamente a mí me aterraba la idea. El ejercicio de cardio no es mi mayor fortaleza. Aunque intento mantener un alto nivel de forma física, en ninguna manera me engañaba para creer que estaba al nivel de condición que se requeriría para sobrevivir a su clase. Ella seguía animándome: "Puedes moverte a tu propio ritmo. No te preocupes, es una sala realmente oscura. Te pondremos en la parte de atrás. Nadie ni siquiera te verá. No es una competición".

Ella decía todas las cosas correctas, pero se dejó un detalle importante; no me dijo lo que sucedería *realmente*. No me dijo que la energía en la sala me abrumaría, que el nivel de intensidad y determinación en ese estudio me impulsaría a dar lo mejor de mí; no me dijo que sus palabras allí hablarían poderosamente a mi vida. Olvidó mencionar que cualquier cantidad de fuerza y potencia que yo diera a esos pedales palidecería en comparación con lo rápidamente que todo se sacudiría en mi interior.

No recuerdo cuál fue el punto de inflexión, pero al final acepté la invitación de Ángela. Al principio nos hizo cerrar los ojos y tomar unos momentos para pedalear y reflexionar. Meditamos en dónde estábamos en nuestra vida y dónde queríamos estar. Comenzamos a aquietar nuestra alma y escuchar nuestra voz interior. Entonces ella comenzó a explicar que la bicicleta era en realidad una metáfora de la vida y que el modo en que enfrentábamos los retos que teníamos delante era una indicación de cómo enfrentaríamos los retos de la vida diaria. Nos dijo que no éramos personas diferentes en lugares diferentes, una sobre una bicicleta y otra en el trabajo, sino que éramos las mismas personas dondequiera que íbamos. Finalmente nos encargó que diéramos lo mejor en esa sala y que, si hacíamos eso, nos estaríamos entrenando para llevar lo mejor de nosotros a todos los demás lugares.

Ángela declaró con tal fortaleza, fuerza y certeza que había más en nosotros de lo que creíamos, que podíamos vencer el dolor que sentíamos. Nos dijo que aumentáramos la tensión en la bicicleta para tener que trabajar más duro. Teníamos que decidir, teníamos que escoger; teníamos que aumentar la presión, teníamos que aumentar la tensión, teníamos que subir la apuesta, teníamos que decidir qué tipo de reto estábamos dispuestos a enfrentar, y teníamos que decidir cuánta fuerza encontraríamos en nuestro interior. Mientras tanto, ella no dejaba de gritar: "¡Están peleando por su libertad! ¡Están peleando por su fuerza!".

Es en momentos como esos cuando encontramos la fuerza de nuestra voluntad y probamos nuestra determinación. Cada vez que yo quería abandonar (y quise abandonar muchas veces en esos sesenta minutos), las palabras de Ángela me ayudaban a encontrar la fuerza que no sabía que tenía. Su dirección hacía que todos en la sala se movieran a la izquierda y después a la derecha, hacia atrás y después hacia adelante, todos en esa hermosa síncopa que se parecía a una obra de arte. Ella sabía que si podíamos entrar en el ritmo de todos los demás en esa sala, sacaríamos fuerzas de ellos, sacaríamos energía de ellos, y sacaríamos poder de ellos.

Cerca del final, cuando todos estábamos casi agotados, ella nos dijo que peleáramos no solo por nosotros mismos, sino también por otros y que pensáramos en alguien a quien sosteníamos, alguien a quien estábamos llevando a cruzar la línea de meta, alguien por quien peleábamos, alguien a quien amábamos. Entonces dio un paso más: "El dolor físico que están sintiendo es solo una metáfora. Es solo un recordatorio de que la verdadera batalla está en una esfera espiritual". En algún momento en medio de todo eso, creo que dijo algo como: "No me importa cómo se vean; me importa cómo viven. Esto no se trata de verse bien; se trata de encontrar su fuerza".

En un mundo impulsado por la perfección externa, el guerrero escoge una senda diferente. Cuando el guerrero mira su propio reflejo, ve su alma. Sabe que la belleza y la fuerza se encuentran solamente en su interior. Entiende que todo lo que hay en la superficie es tan temporal como superficial.

Conocerás a tu tribu por lo que ellos ven. Si ven solamente tu aspecto, no son tu gente. Cuando ven tu esencia, esa es tu tribu. Al guerrero le importa más la esencia que la imagen. El camino del guerrero llama a tu fuerza interior, tu belleza interior y tu valentía interior.

Francamente, pensé que tener cáncer era difícil, pero SoulCycle me empujó hasta el límite. Puede que haya empleado tanta energía empujando los pedales como lo hice intentando no perder mi almuerzo. Mi bicicleta nunca se movió ni un centímetro, pero yo viajé años luz en esos momentos. Estaba empapado en sudor y, sin embargo, salí de aquella sala con más energía y fuerza de las que tenía cuando entré. La sala me transportó. Sesenta personas a las que nunca había conocido me transportaron. Ángela Davis me transportó. Fue como si ella diera a cada uno en la sala un regalo que no podía medirse mediante peso, centímetros o valor. Ella se entregó a sí misma. Nos dio su energía y su fuerza.

Fuente de vida

¿Has oído alguna vez decir a alguien: "Ellos realmente energizaron el salón"? Podrías pensar que eso es una metáfora, pero en realidad no lo es. Es una observación basada en la realidad. Sabemos que los seres humanos pueden contagiarse unos a otros resfriados y gripe. Sabemos que incluso sin contacto humano podemos trasmitirnos bacterias y virus. Sin embargo la mayoría de nosotros no somos conscientes de que también nos transmitimos unos a otros lo que ocupa nuestras almas.

Tu alma es el conducto de tu energía. Si tu alma está vacía, consumirás energía del mundo que te rodea. El mayor peligro es que verás a las personas como algo a consumir y descartar cuando ya no te vigoricen. Cuando estás lleno de vida, te conviertes en un conducto de vida. Te convertirás en una fuente de lo que es bueno, hermoso y verdadero. Las personas obtendrán inspiración de tu vida de modo natural; te verán como una fuente de esperanza. Si quieres ver claramente el mundo que has creado en tu interior, mira el mundo que has creado a tu alrededor. El guerrero toma dominio sobre su energía y se convierte en una fuente de vida. El guerrero es una fuente de vida.

Si estás lleno de desesperanza, llenarás el mundo de desesperanza; si estás lleno de amargura, llenarás el mundo de amargura; si estás lleno de temor, llenarás el mundo de temor. Además, eso es lo único que encontrarás. Sin importar adónde vayas, tu mundo está lleno de la misma energía e intención que te llenan a ti.

Del mismo modo, cuando el guerrero está lleno de esperanza, llena el mundo de esperanza; cuando está lleno de gozo, llena el mundo de gozo; cuando está lleno de amor, llena el mundo de amor.

Cada ser humano es a la vez un conducto y un consumidor de energía. Cuando estás plenamente vivo, cuando tu vida está marcada por el amor y el gozo, llevas energía al mundo que te rodea. Cuando simplemente batallas con la existencia, consumes la energía que te rodea. Cuando le pregunté a Ángela de SoulCycle cuál era su propósito, su respuesta fue sencilla y hermosa: "inspirar, infundir vida a las personas".

La fuerza del guerrero no es solamente para sí mismo, sino también para los débiles. El guerrero sabe que es fortalecido para así poder ayudar a otros a encontrar su fuerza. Jesús dijo una vez: "yo he venido para que tengan vida, y la tengan en abundancia".[74] Esta es nuestra mayor fuerza. Cuando estamos plenamente vivos, tenemos vida para dar al mundo. Cuando tenemos más vida de la que necesitamos, cuando tenemos vida en abundancia, no deberíamos tener temor a entregar nuestra vida.

Hubo una vez una mujer que tocó a Jesús mientras Él caminaba en medio de una multitud. Él se detuvo y miró a su alrededor, y preguntó: "¿Quién me ha tocado?".[75] Sus discípulos estaban confusos, porque un número interminable de personas lo estaba tocando; pero se nos dice que Jesús sintió que salía poder de Él. Este es uno de los pasajes sobre poder en la Biblia del que menos se habla. Esta mujer estaba marcada por una enfermedad y estaba desesperada por encontrar sanidad. Creía que Jesús sería la fuente de esa sanidad.

Contrario al resto de la multitud, que tocaba a Jesús sin intención, la mujer tocó su manto creyendo que lo que más necesitaba podía encontrarlo solamente en Él. Con las palabras más sencillas, su fe se convirtió en el conducto del fluir del poder de Dios hacia ella. Fue un intercambio tan dramático de poder, que Jesús lo sintió. "¿Quién me ha tocado?" es una pregunta extraña cuando una multitud te está tocando desde todos los flancos, y sin embargo, de algún modo, ella supo que se estaba refiriendo a ella. ¿Cómo pudo saber ella que Él la estaba señalando? Ella no era la única persona que lo tocó, pero sí fue la única que recibió su poder.

¿Y si el poder de Dios te está esperando, y lo único que tienes que hacer es acercarte para tocarlo a Él? ¿Y si toda la energía que necesitas, toda la fuerza que necesitas, todo el poder que necesitas está dentro de tu alcance? Cuando Jesús estuvo cara a cara con aquella mujer sanada, no la reprendió por haber accedido a su poder, sino que la elogió por su fe y la despidió para que se fuera y viviera en una nueva paz y libertad que ella nunca había conocido.

Esta es la paradoja que el guerrero ha llegado a conocer. Sabe que él o ella no es la fuente de su propia fuerza. El fuego que arde en el interior del guerrero es un fuego eterno. El guerrero conoce su fuerza porque conoce su debilidad. Fue Jesús quien dijo: "el Hijo no puede hacer nada por su propia cuenta".[76] El guerrero entiende que no hay debilidad en esto. El guerrero ha encontrado su fuerza en su debilidad. Jesús habló a Pablo con respecto a esto: "Mi poder se perfecciona en la debilidad".[77] El camino del guerrero es saber que Dios es su fuerza. El guerrero presume con más alegría sobre sus debilidades para que así el poder de Cristo pueda descansar sobre él.[78]

El guerrero sabe que fue creado por un Dios que es Espíritu. Aunque nos vemos como carne y sangre, cada célula de nuestro cuerpo es energía. Toda nuestra energía viene de Dios. Lo que hagamos con nuestra energía es decisión nuestra.

La expresión suprema de energía es la luz. El camino del guerrero es decidir ser un guerrero de luz. El guerrero nunca olvida la fuente de esa luz. El fuego que arde en el interior del guerrero es un fuego encendido por Dios. La fuerza del guerrero es una fuerza dada por Dios. El poder del guerrero es el poder derramado en él por Dios. El guerrero es luz porque Dios es luz. El camino del guerrero es escoger la senda donde Dios mismo es luz y vida.

Las primeras palabras registradas declaradas por Dios fueron: "Sea la luz".[79] La luz es energía en su forma más pura. Incluso hablamos de movimiento en su expresión máxima como el movimiento a la velocidad de la luz. Ahora sabemos que todo el universo es una manifestación de energía en un número interminable de formas. Imagina la fuerza que encontraríamos si en nuestra debilidad simplemente nos acercáramos, tocáramos a Dios y recibiéramos su fuerza. La máxima expresión de energía no es simplemente luz, sino vida. Esta es la fuerza del guerrero, que aunque camine en oscuridad, ha encontrado su fuerza en la luz y la vida. El guerrero permanece en la oscuridad como un guerrero de luz. El camino del guerrero es a través de la oscuridad, porque sabe que en medio de esa oscuridad él o ella será la luz. El guerrero debe encontrar la valentía para enfrentar su oscuridad.

Si tu oscuridad es el temor, entonces es temor lo que debes enfrentar.

Si tu oscuridad es la amargura, entonces es amargura lo que debes confrontar.

Si tu oscuridad es la codicia, entonces es la codicia lo que debes conquistar.

Si tu oscuridad es la duda de ti mismo, entonces aquí debes encontrar tu valentía.

Si tu oscuridad es el enojo, entonces es aquí donde debe librarse la batalla.

Si tu oscuridad es la desesperación, entonces debes mirarla fijamente con esperanza.

Si tu oscuridad es el odio, debes matarlo con amor.

No puedes moverte hacia la luz sin enfrentar la oscuridad.

Yo tenía veinte años de edad cuando me animaron a escoger un versículo o un pasaje de la Biblia para que fuera el versículo de mi vida. Yo era tan nuevo en la fe que estaba familiarizado con muy poco de la Biblia, y sin embargo de algún modo encontré el pasaje más desconocido que se identificaba perfectamente con mi alma. En medio de su agitación y su gran decepción con Dios, Jeremías se mantuvo en el medio del fuego y declaró: "Si digo: «No me acordaré más de él, ni hablaré más en su nombre», entonces su palabra en mi interior se vuelve un fuego ardiente que me cala hasta los huesos. He hecho todo lo posible por contenerla, pero ya no puedo más".[80]

Tu energía estará determinada por el fuego que arde en tu interior. Y cuando el fuego en tu interior arde con fuerza, así lo hará también tu vida. Cuando tu fuego ha sido encendido por la eternidad, ningún momento en el tiempo puede apagarlo. El guerrero nunca olvida que él es fuego.

CÓDIGO 7

El guerrero es uno con todas las cosas

El guerrero es uno con todas las cosas. Entiende que es la oscuridad lo que separa; la luz une todas las cosas. Cuando todo comenzó, había solamente uno. Dios creó al hombre en relación consigo mismo; Dios creó a la humanidad en relación con la creación. Dios creó al hombre, creó a la mujer, y el hombre y la mujer fueron uno. Dios es uno en tres y tres en uno, y todo lo que Él crea está interconectado. El guerrero entiende que la guerra es entre luz y oscuridad, entre conexión y desconexión, entre unidad y fragmentación. El guerrero entiende que él mismo ha sido creado para ser uno con Dios, uno con los demás y uno con la creación. El guerrero se encuentra a sí mismo cuando está conectado a todas las cosas.

A veces para ver el cuadro general, primero debes ver las piezas que faltan. Podemos entender nuestra necesidad de conexión solamente al reconocer dónde estamos desconectados. Nuestra desconexión más obvia es los unos con los otros. Lo que más anhelamos es lo que más tememos. Deseamos intimidad, pero le tenemos miedo. Los seres humanos estamos diseñados para las relaciones y, sin embargo, las relaciones están en el centro de nuestras batallas. Sabemos que somos hechos los unos para los otros, ya que nuestra alma se ahoga cuando carece de relaciones significativas. Podemos ver que fuimos creados para la conexión mediante las intensas consecuencias de la desconexión.

Cuando estamos desconectados, experimentamos aislamiento y soledad. Si la desconexión prevalece, se convierte en amargura y menosprecio. Podemos ver el resultado de la desconexión siempre que hay odio, hostilidad y violencia. Dividimos por raza, color, género, economía y estatus social, pero al final todas estas diferencias percibidas son simplemente sintomáticas de las fisuras de nuestra desconexión.

Una de las poderosas perspectivas que la Biblia nos permite ver es la desconexión entre nosotros como humanidad, que es sintomática de nuestra desconexión de Dios. El quebrantamiento humano no es un fenómeno aislado; es el resultado de una ruptura entre nosotros y Dios que nunca tuvo que haber sucedido.

El relato de Caín y Abel nos da perspectiva sobre el poder constructivo de la conexión y el poder destructivo de estar desconectados. Antes de que Caín matara a su hermano Abel, corta su relación con Dios. Su desconexión de su hermano fue la consecuencia de su desconexión de su Creador. Cuando Adán y Eva rompieron su relación con Dios, eso dañó su relación mutua. Y aunque quizá no siempre veas tu desconexión de Dios, puedes ver las consecuencias de esa desconexión por todas partes.

Nuestra identidad está arraigada en nuestra conexión. Nos conocemos mejor a nosotros mismos en cuanto somos mejor conocidos por los demás. Cuando estamos interconectados como pueblo, no nos perdemos a nosotros mismos sino que, de hecho, nos encontramos. Tu tribu no oscurece tu identidad, sino que la revela, y lo mismo sucede en tu relación con Dios. Cuando llegas a conocerlo a Él, llegas a conocerte a ti mismo. Al entregarte a Él por completo, llegas a conocerte a ti mismo más claramente. Si quieres encontrar una prueba de que somos creados para la conexión con Dios, mira las fracturas y la fricción entre la humanidad y la creación.

Todas las demás especies en este planeta tienen una conexión intrínseca con la creación. Incluso especies que nosotros consideraríamos menos valiosas para el ecosistema siguen demostrando que tienen un valor único e irremplazable. Desde insectos a reptiles, desde peces y aves hasta plantas y árboles, todo en el orden creado está interconectado y realiza una contribución única a la vitalidad del conjunto.

Parece que nosotros somos la única especie que puede violar las leyes del instinto y de la naturaleza y, al hacerlo, producimos marcada devastación al mundo creativo. ¿Cómo es posible que un número interminable de especies que viven en el océano puedan coexistir sin dañar el balance de la naturaleza y, sin embargo, un tanque petrolero creado por el hombre puede prácticamente destruir todo un ecosistema? Desde mi punto de vista, todos los ecologistas del mundo deberían creer en Dios, ya que en cierto modo los seres humanos tenemos la capacidad inexplicable de tratar la naturaleza de maneras poco naturales. Por retorcido que pueda parecer, la capacidad destructiva de la humanidad puede que sea una de las mayores evidencias de la existencia de Dios. Los seres humanos somos en cierto modo una parte de la naturaleza, y a la vez estamos apartados de la naturaleza. Una de las indicaciones más claras de que los seres humanos somos distintos a todas las otras especies de este planeta es nuestra capacidad para no estar en armonía con la creación. Sencillamente no hay ninguna otra especie que pueda crear plástico. ¿Cómo es posible que una especie dentro de la naturaleza pudiera realmente crear cualquier cosa que no sea biodegradable? Puede que la mejor evidencia de que la humanidad tiene una relación rota con Dios es que tenemos una relación rota con la naturaleza.

Estoy convencido de que cuando Dios inicialmente puso en orden la creación, deseaba que todo el universo estuviera interconectado. Él creó el universo como un reflejo de su carácter y su gloria. Al principio de la historia humana, las personas experimentaban una conexión completa con Dios, una conexión completa los unos con los otros, y una conexión completa con la creación. Cuando los seres humanos cortaron esa relación con Dios, rompieron no solo su relación con su Creador, sino también la conexión de la humanidad. De modo similar, eso nos desconectó de una relación adecuada con la creación. Una consecuencia importante de la Caída fue que la tierra ya no cooperaría con la voluntad del hombre; en cambio, nos forzaría a trabajar y esforzarnos en lugar de simplemente disfrutar de los beneficios de la creación que se nos confió que administráramos.

Incluso en nuestro estado de ser quebrantado, nos mantuvimos íntimamente interconectados con el orden creado. Caminamos dentro de una atmósfera que proporciona el oxígeno que necesitamos para vivir. Cada segundo de nuestras vidas, inhalamos creación y exhalamos a la creación: nuestra contribución al proceso creativo. Cada vez que tomamos un trago de agua o nos detenemos para comer, nos convertimos en uno con la creación. Recibimos de la naturaleza lo que es necesario para la vida.

Ya tenemos una conexión profunda con la creación; simplemente quizá no somos conscientes de ello. Es nuestra desconexión lo que nos hace tomar sin respeto, consumir sin gratitud, poseer sin responsabilidad. Somos creadores que existen dentro de una creación, y esto es prueba extraordinaria de Dios.

El guerrero entiende que es parte de un todo. Sabe que es más poderoso cuando es uno, cuando no está dividido y está comprometido con el todo. El guerrero sabe que es parte de todo el universo y que todo el universo es parte de él.

La plenitud de Dios habitaba en Jesús. Podría ser difícil de imaginar que el universo entero exista en el interior de una persona, pero Jesús experimentó incluso más que eso. ¡El Creador de todo el universo habitaba en Él! En el principio, todo el universo estaba diseñado para la vida. No es una exageración decir que el universo fue creado para la satisfacción de la humanidad. Toda la historia de la creación está escrita de tal modo que señala hacia la humanidad como la creación principal de Dios. Cada movimiento en la historia de la creación conduce al acto supremo de Dios de crear a la humanidad a su imagen y semejanza. El universo no fue creado para Dios; Él no lo necesitaba. El universo fue creado para nosotros. El universo es nuestro contexto para la vida.

He escuchado a muchas personas expresar que sienten que todo el universo está contra ellos. Me gustaría tomar un momento para corregir esa mentalidad. Todo el universo, tal como fue creado, está a tu favor. Si tú estás en guerra contra Dios, también te encontrarás en guerra contra las personas.

Si estás en guerra contra las personas, por lo general te encontrarás en guerra contra el universo. La razón de que el universo esté a tu favor es porque Dios está a tu favor.

El guerrero entiende que todo está conectado. Tú eres más que la suma total de tus partes. Tú estás conectado al Creador del universo. La buena noticia es que la creación es una parte del paquete. Todo don bueno y perfecto desciende de lo alto, del Padre. Él "no cambia... ni se mueve como las sombras".[81] Tú eres más de lo que piensas, de modo que deja de subestimar quién eres. Quien tú eres no termina en el límite de tu piel. Cómo llegaste a ser quien eres, puede atribuirse tanto al mundo que te rodea como a tu mundo interior. Pasamos toda nuestra vida intentando convertirnos en nuestra propia gente y, sin embargo, nos encontramos desconectados y aislados como resultado de nuestra necesidad de autonomía e independencia. Cuando somos inmaduros, nos convencemos a nosotros mismos de que debemos llegar a ser lo bastante fuertes para no necesitar nada ni nadie excepto a nosotros mismos, pero nunca fuimos creados para vivir de ese modo. Cuando avanzamos hacia la madurez, comenzamos a entender la interconexión existente entre todas las cosas. No fuimos creados para estar solos; no estamos diseñados para vivir la vida por nosotros mismos.

El guerrero encuentra su singularidad en su conexión con todas las cosas. El guerrero superior no agarra una espada; se convierte en una sola cosa con ella. Tu espada es todo en tu proceso creativo, que se convierte en una extensión de ti mismo. Cuando escoges la espada, se convierte en una expresión de tu propia moción y tu propia intención.

Vemos eso expresado con mucha elegancia cuando vemos el arte de los jugadores de fútbol legendarios Messi y Ronaldo, cuando corren por el campo y mueven la pelota con tanta facilidad hacia la portería. Lo vemos en las pinceladas de los pinceles de Picasso, cuando pintura y lienzo se someten a su voluntad. Vemos el mismo fenómeno cuando cinco jugadores de básquet de algún modo se transforman de ser cinco individuos a ser un equipo unido. Durante tres campeonatos, los Golden State Warriors nos han recordado que existe una sinergia que crea una conexión incluso en los espacios entre ellos. Al describir el reto de enfrentarse a los Warriors, LeBron James dejó claro que era un asunto de enfrentarse no solo a su talento superior, sino también a una inteligencia de equipo superior. Los Warriors son un recordatorio para todos los que amamos el deporte de que ni siquiera cinco jugadores estupendos pueden batir a un equipo estupendo: su sexto hombre es el balón. Cuando los vemos jugar, tenemos la sensación de que el balón tiene una mente propia, moviéndose constantemente por el espacio entre los jugadores, encontrando siempre de algún modo al jugador que está más libre y tiene más posibilidad de encestar.

El primer hombre y la primera mujer habían de llegar a ser una sola carne. ¿Cómo es posible que dos se conviertan en uno en el matrimonio, o que cinco se conviertan en uno en una cancha de básquet, o que once se conviertan en uno en un campo de fútbol? ¿Cómo es posible que un joven llamado Pelé, que se crió en la pobreza en las favelas de Brasil, llegue a ser uno con el balón, o que los samuráis muevan sus espaldas con tal elegancia y facilidad que no podría ser nada menos que una extensión de sí mismos?

Estoy convencido de que todos nosotros hemos experimentado este fenómeno al menos una vez en nuestras vidas: una conexión inexplicable con otro ser humano, con un momento, con Dios. Por lo general, es un momento en el que comprobamos que somos más grandes que nosotros mismos, un momento en el que conocemos cosas que no deberíamos haber conocido y nos sentimos más grandes que la suma total de nuestro peso.

Hace años atrás me invitaron a Alemania para hablar en un evento de liderazgo. Nunca olvidaré la experiencia. Había aproximadamente cinco mil líderes de todo el país en un centro de convenciones. Debido a que yo no hablo alemán muy bien, tuve que utilizar a un intérprete. Yo sabía que mis perspectivas sobre liderazgo, fe y cultura parecerían poco ortodoxas ante esa audiencia en particular.

A la mitad de mi charla hice una afirmación que sabía que sería provocadora. Cuando escuché al intérprete repetir mi afirmación, de algún modo supe que había dicho exactamente lo contrario de lo que yo había declarado. Me detuve en medio de mi presentación, miré al intérprete y le pregunté delante de una audiencia en vivo: "Usted cambió lo que yo dije, ¿cierto?".

No sería exagerado decir que él se vio un poco aterrado en el momento. No respondió enseguida, de modo que volví a preguntarle siendo más específico: "Usted no estaba de acuerdo con lo que yo dije, de modo que lo cambió para que encajara en lo que usted cree".

Había cinco mil testigos en la sala, de modo que imagino que él se sintió obligado a ser sincero, y sencillamente respondió: "Sí, tiene razón. Lo cambié". Quedó perplejo y preguntó: "¿Cómo lo supo?", lo cual es una gran pregunta, ya que no hablo alemán con fluidez.

¿Cómo lo supe? No puedo explicarlo totalmente, pero puedo decirte lo siguiente: *comunicación* viene de la misma raíz que la palabra *comunión*. Si escuchas con bastante atención, oirás mucho más que palabras. Aunque yo no pude entender exactamente lo que él estaba diciendo, pude interpretar por completo la esencia. Supe exactamente lo que él dijo y exactamente lo que no dijo. Mis palabras son mi espada, y no las pronuncio sin más; son una parte de quien yo soy. El intérprete no sabía que cambiar el significado de mis palabras sin decírmelo sería tan obvio como intentar arrebatar la espada de las manos de un guerrero.

Mientras trabajaba en las ediciones finales de este libro, recibí una llamada de mi agente, Esther Fedorkevich. Llamó para decirme que iba en un vuelo hacia su casa y la persona sentada a su lado en el avión sacó un libro que resultó ser mío: *La última flecha*. ¿Cuáles son las probabilidades de que suceda eso? ¿Cuáles son las probabilidades de que dos desconocidos vayan sentados al lado el uno del otro en un vuelo y uno saque un libro que ambos tenían en común?

Ella decidió no decirle al otro pasajero que era mi agente, y en cambio le preguntó sobre el libro. Él explicó que era un alto ejecutivo en una empresa muy exitosa y que había estado batallando con pensamientos de suicidio. Explicó que uno de sus amigos le regaló el libro y que, aunque él no creía en Dios, sabía que necesitaba encontrarle sentido a su vida. Después de compartir su historia, le dijo que ella y yo nos conocíamos y que ella es el agente que me ayudó a publicar ese libro. Me llamó para hacerme saber que alguien que estaba pensando en el suicidio, ahora buscaba sentido y significado, y que yo me había convertido en parte de su historia.

O el mundo está lleno de coincidencias inesperadas y al azar, o sucede algo más de lo que se ve a primera vista. He experimentado demasiadas coincidencias para creer en los accidentes. Sencillamente hay demasiadas pruebas para negar que el universo está creado con intención, que todo está conectado, y que somos parte de una historia mayor. No puedo decirte cuántas veces alguien se ha acercado a mí y me ha dicho que llegó a convencerse de la existencia de Dios o de la realidad de Jesús debido a una pequeña frase al azar que resulta que yo utilicé en una charla o en un libro que para esa persona lo cambió todo.

Ayer conocí a una joven que no podía tener más de veintitrés años. Me dijo que unos meses antes, había creado un plan para poner fin a su vida y que había conseguido todas las provisiones necesarias. Antes de poder emprender la acción, sin embargo, resultó que se encontró con alguien que le invitó a ir a Mosaic. Resulta que acudió allí una noche y oyó algo que creyó que solamente podía haber sido específicamente para ella. Ni siquiera puedo comenzar a describir el gozo y la conexión que sentí mientras ella me explicaba que había decidido tirar todo lo que necesitaría para ejecutar su plan. Cambió la muerte por la vida, la desconexión por la conexión, la oscuridad por la luz.

He vivido demasiado tiempo para creer que ese tipo de cosas son solamente coincidencias. El guerrero no deja nada al azar y encuentra descanso en su intención. El camino del guerrero te mueve hacia la senda de la interconexión. La senda del guerrero está llena de un conjunto de momentos aparentemente casuales y fortuitos. El guerrero no se esfuerza para crear momentos divinos, sino que siente confianza en que cuando camina en su intención, esos momentos llegarán a su camino. La valentía del guerrero entra en juego cuando incluso estando solo, sabe que nunca está solo. El guerrero sabe que cuando se mueve en su intención, el universo se mueve en la dirección de él.

Hace años atrás tuve la oportunidad de visitar Tokio. De todas las ciudades del mundo, Tokio está sin duda entre mis favoritas. El pueblo japonés expresa un nivel de elegancia, simplicidad y belleza que siempre ha evocado mi admiración. En aquella ocasión tuve la oportunidad de hablar en un evento que estaba a poca distancia a pie de la estación Shibuya. Debido al trasfondo cultural y espiritual del pueblo japonés, me habían advertido que no habría ninguna apertura al mensaje de Jesús.

Mis conferencias sobre creatividad y espiritualidad estaban programadas para varios días. Recuerdo muy pocas cosas sobre aquella experiencia, pero hay una persona a la que nunca olvidaré. Los organizadores del evento estaban emocionados porque una artista japonesa de renombre resultó que iba a asistir al evento de apertura. Fue algo inesperado, ya que no era una persona de fe, y tampoco vivía a pocas horas de distancia de Shibuya. Sin embargo, ella asistió en todas las fechas. Cada día tuvo que tomar varios trenes y hacer un viaje de más de dos horas para asistir a mis conferencias.

El último día del evento, ella decidió acercarse a mí. Sentí un nivel de intención y urgencia que era inusual y también inesperado. Me di cuenta rápidamente de que su inesperada apertura al mensaje de Jesús tenía poco que ver con el contenido de mis charlas. Ella me explicó que su hermano había muerto recientemente, y la razón de que ella regresara cada día era que yo me parecía mucho a su hermano.

Estoy bastante seguro de que no tengo ADN japonés en mi sangre. Aunque en muchas partes del mundo me han confundido con un nativo de varios países, aquella comparación en particular llegó de modo bastante inesperado. Fue extraño oír a una creativa japonesa muy conocida decirme que me parecía a su hermano. Una cosa que supe con seguridad era que su experiencia tenía poco que ver con cómo me veía yo, y todo que ver con lo que ella necesitaba. Con frecuencia me he preguntado si Dios sabía que para que ella viera a Jesús en mí, necesitaba primero ver a su hermano en mí. No recuerdo su nombre, pero siempre estaremos conectados. Fenómenos inexplicables como ese ya no son una sorpresa para mí. Espero estar ubicado en intersecciones divinas. El guerrero espera lo inesperado. El guerrero existe en lo trascendente. El guerrero se mueve y espera que el universo se mueva con él.

Parece absurdo que Adán y Eva pudieran afectar todo el universo con una sola elección. Hemos entendido que su elección de comer del árbol del conocimiento del bien y del mal influyó en su relación con Dios, pero estoy convencido de que hemos subestimado cómo esa elección afecta la relación de la humanidad con toda la creación. Dios les dijo al hombre y a la mujer que si comían del árbol, sin duda morirían, y desde entonces hemos intentado calcular qué consecuencias tuvo ese momento para la condición humana y nuestra relación con el Dios que nos creó.

Durante demasiado tiempo hemos ignorado las implicaciones de la relación entre nosotros y el universo. Incluso aquellos de nosotros que reconocemos que nuestra alma anhela redención, no hemos considerado que también el universo la anhela. Sin embargo, eso es exactamente lo que nos dice la Escritura: que toda la creación anhela su redención, y que la creación misma ha sido desgarrada por nuestras acciones. La agitación de la naturaleza refleja la agitación de nuestras almas. El desorden y el caos de la creación están sujetos a la condición del corazón humano.

Es fácil para nosotros olvidar que no existimos dentro de la creación sino que, de hecho, somos parte de la creación. La creación fue diseñada para estar conectada a nuestras elecciones. Unas de las consecuencias de la Caída, más allá de nuestra desconexión de Dios, es una desconexión de la creación. El universo fue diseñado para sostener la vida. El universo existe para el único propósito de proveer lo que necesitamos para vivir.

Damos por hecha la notable relación existente entre lo que necesitamos para vivir y el modo en que la creación está diseñada hasta el más mínimo detalle para coincidir con nuestras necesidades. Necesitamos agua, y está diseñada específicamente para saciar nuestra sed y suplir nuestras necesidades. Necesitamos alimentos para saciar nuestra hambre, y verduras y frutas resulta que crecen exactamente como se necesitan para sostener la vida. Necesitamos oxígeno para respirar, y extrañamente nuestra atmósfera está convenientemente formada por una composición perfecta que evita que nos ahoguemos.

Aun así, es más profundo que esa conexión. Sencillamente no existimos en la naturaleza; somos parte de la naturaleza y del universo. Cuando nacemos, somos agua casi en un 80 por ciento. Cuando nos sumergimos en el océano, el 80 por ciento de nosotros pertenece a ese entorno. Literalmente estamos mojados por dentro y por fuera. Nuestra masa está formada aproximadamente por un 65 por ciento de oxígeno. Somos iguales a la atmósfera que nos rodea en más de la mitad.

Cuando respiramos, inhalamos creación y hacemos que sea parte de nosotros; después exhalamos bióxido de carbono. No lo identificamos como tal, pero la respiración es realmente un proceso creativo. Transformamos lo que consumimos en algo totalmente diferente que devolvemos a la creación. Lo que liberamos proporciona vida precisamente para las plantas que protegen el oxígeno que nos da vida. Somos orgánicamente parte de la creación y del proceso creativo. Simplemente por existir, creamos un flujo y reflujo. Respiramos el universo y soltamos el universo que vive en nuestro interior para devolverlo al conjunto. Incluso los árboles consumen lo que nosotros creamos, y nosotros consumimos lo que crea el bosque. Nuestra carne y nuestros huesos regresarán un día al polvo, y en ese sentido, estamos unidos a la tierra y somos parte de ella.

Mientras respires, y con cada latido de tu corazón, hay un fuego eléctrico encendiendo en tu interior la vida que bombea dentro de tus venas. Si no hubiera fuego en tu interior, no habría vida en ti. De la misma manera que eres agua y viento, también eres tierra y fuego. Toda la creación está en tu interior, es parte de ti. Lo que experimentas en el universo fuera de ti, existe también en el universo dentro de ti. El universo literalmente fluye a través de ti.

Los límites que percibimos son en gran parte ilusiones o, en el mejor de los casos, distorsiones de la realidad. El universo tiene una intención: crear vida. El universo dentro de ti tiene una intención divina: crear vida. Dios nos creó del polvo. Nos dio vida de su aliento. Fuimos hechos del universo y hechos para gobernar sobre él.

Dios estableció a la humanidad como el agente responsable de la salud y el bienestar de toda la creación. Estoy convencido de que antes de que fuera cortada nuestra relación con Dios, vivíamos no solo en unidad con Él y los unos con los otros, sino también con toda la creación. Esta conexión es fundamental para el camino del guerrero. Imagina vivir en una relación así no solamente con Dios, sino con la creación, donde todo el universo está dirigido a darte la ventaja máxima para tu éxito. Me encanta el modo en que el novelista Paulo Coelho describe poéticamente cómo todo el universo conspira por nosotros.[82] Él no está equivocado. Quienes entienden mal esta realidad atribuyen una consciencia al universo que en realidad no tiene. El universo no te conoce, ni tampoco decide por ti o contra ti, sino que el Creador del universo es quien lo hace. Él te conoce íntimamente.

El Dios que creó todo, en el más verdadero sentido, no creó nada para sí mismo. Todo expresa su esencia, y todo está diseñado para darle a Él gloria y agrado, pero no hay nada que Él creó jamás porque lo necesitara. Dios no necesita el universo. El universo, aunque a nosotros nos parece que es infinito, siempre en expansión e inmensurablemente complejo, aun así es demasiado pequeño para Dios. En este sentido, el universo no existe para Dios; existe para nosotros. Dios no creó el sistema solar y la atmósfera en este planeta para sí mismo. Él no necesita aire para respirar ni agua para beber; nosotros lo necesitamos.

¿Podría estar más claro que la creación, aunque fue creada por Dios, fue creada para nosotros? E incluso aquí vemos cómo Dios diseñó todo para estar interconectado. El agua que bebemos proporciona exactamente lo que necesita nuestro cuerpo, de modo que podemos no solo saciar nuestra sed, sino hacer que nuestro cuerpo esté sano.

Hay una paradoja en nuestra relación con el universo. El universo podría existir sin nosotros, pero nosotros no podríamos existir sin el universo. El sistema solar podría existir sin nosotros, pero nosotros no podríamos existir sin este sistema solar en particular. La tierra podría existir sin nosotros, pero nosotros no podríamos existir sin la tierra. La atmósfera podría existir sin nosotros, pero nosotros no podríamos existir sin esta atmósfera increíblemente específica. El agua que cubre este planeta podría existir sin nosotros, pero nosotros no podríamos existir sin el agua. El oxígeno que respiramos podría existir sin nosotros, pero nosotros no podríamos existir sin este oxígeno.

El universo no depende de nuestra existencia, pero nosotros dependemos totalmente de la existencia del universo. Si el universo no cumpliera su intención, sería el final de la vida tal como la conocemos. Es innegable que el universo no depende de nosotros, sino que nosotros dependemos del universo. Es un poco inquietante cuando consideramos cuán frágil es nuestra existencia en relación con toda la creación.

Para hacerlo más personal, la intención de todo el universo señala directamente a ti. Aunque eres parte de la creación y existes dentro de la creación, eres el acto creativo supremo y más valioso de Dios. Todo el universo existe para que tú pudieras vivir. Aunque todo el universo refleja la esencia creativa de Dios, tú tienes la distinción de ser creado a imagen y semejanza de Él. Solamente la humanidad refleja la imagen creativa de su Creador.

Tú estás dentro de la creación y por encima de la creación. Aunque la humanidad parece ser el componente más frágil del universo, solamente los seres humanos llevamos en nosotros la creación y al Creador. La Biblia nos dice que la humanidad es la creación preeminente de Dios. Él ordenó al hombre que tomara dominio y gobernara sobre la creación. La salud de toda la tierra fue confiada al cuidado de esta delicada especie que llamamos humanidad.

Cuando el guerrero es uno con la creación, ve belleza a su alrededor. Cuando el guerrero es uno con el universo, está lleno de asombro y de admiración. Cuando el guerrero es uno con la naturaleza, encuentra reposo para su alma. El guerrero honra la creación, pero solamente adora al Creador. Es peligroso escoger una senda que te haga ciego a la belleza que te rodea. El guerrero se encuentra con frecuencia e inesperadamente abrumado por lo hermoso. Aunque el guerrero ha conocido muchas batallas, no encuentra nada tan abrumador como la belleza que le impulsa a vivir. El camino del guerrero nunca pierde de vista la elegancia, el arte y la exquisitez que le rodea en cada paso de su viaje. El guerrero nunca se ve abrumado por la grandeza del universo, sino que es elevado por ella. Saber que eres parte del universo es saber que estás conectado con algo más que tú mismo.

La Biblia nos dice que toda la creación declara la gloria de Dios. Aunque el resto del mundo pueda ser sordo a tales declaraciones, el guerrero no puede evitar escucharlas. El guerrero mira la creación y queda maravillado, y es movido a la adoración. El guerrero vive en un estado de asombro. Mientras otros buscan pruebas de Dios, el guerrero las encuentra por todas partes. El camino del guerrero es una vida de adoración.

El guerrero también entiende su mayordomía sobre la creación. La creación es un regalo de Dios para la humanidad y debe ser tratada con honor y respeto. No podemos decir que respetamos al Creador si tratamos su creación con falta de respeto. El guerrero más diestro ha aprendido a nunca dejar una huella donde ha caminado. El guerrero parece vivir en armonía con la creación. El guerrero entiende el elegante balance que mantiene unida a la naturaleza. Al guerrero se le puede confiar la creación porque vive para honrar al Creador.

Los poetas de la antigüedad describen nuestra relación con Dios diciendo que vivimos, respiramos y tenemos nuestro ser en Él, sin embargo, este podría ser fácilmente el modo en que alguien describiría nuestra relación con el oxígeno.[83] Del mismo modo que un pez puede vivir solamente en el agua, así nosotros podemos vivir solamente respirando y teniendo nuestro ser en esta atmósfera particular que Dios creó. El oxígeno que existe fuera de nosotros nos produce vida cuando recorre cada célula de nuestro cuerpo. Caminamos sobre la tierra, sin embargo, también estamos compuestos de ella. No existimos simplemente en la creación; somos parte de la creación. ¿Es posible que hayamos subestimado el poder destructivo de la desconexión? Cuando la naturaleza parece inclinarse ante la voluntad de Dios y del hombre, lo llamamos un milagro. ¿Es posible que lo que definimos como milagro sea simplemente el restablecimiento del orden adecuado de la creación?

Uno con el Dios de la creación

Elías vivió una vida que muchos considerarían increíble. Casi sabiendo que podríamos descartar la historia de Elías, Santiago nos dice que era un hombre como nosotros. Con intención, Elías oró para que no lloviera, y durante tres años y medio eso fue exactamente lo que ocurrió.[84]

Cuando leemos sobre un milagro de una naturaleza tan extrema, lo atribuimos rápidamente a la naturaleza de Dios; pero ¿y si también tiene que ver igualmente con la naturaleza del hombre? ¿Y si somos más de lo que creemos, y en nuestra desconexión de Dios nos hemos convertido en menos de lo que siempre habíamos de ser? ¿Y si parte de lo que hace que la oración sea tan poderosa es que restablece la relación adecuada con Dios, los unos con los otros, y con la creación? El guerrero sabe que la oración es su mayor arma. La oración es la espada del guerrero, y debe aprender a usarla bien. El guerrero sabe que la oración es mucho más que solamente hablar con Dios. El poder de la oración viene de escuchar de parte de Dios, y la oración se convierte en nuestra espada cuando hablamos en concierto con ella.

Después de tres años y medio, Elías seguía encontrándose en un gran conflicto con dos de los gobernantes más siniestros de Israel: Acab y Jezabel. No había caído ni una sola gota de lluvia por más de tres años, y de repente Elías le dijo a Acab que oyó el sonido de una gran tormenta. Los cielos estaban despejados; no había nubes por ninguna parte. La tierra estaba resquebrajada y sedienta. Había niños que no tenían recuerdo de cómo se veía la lluvia, cómo se sentía o cómo sonaba. Sin embargo, Elías oyó el sonido de algo que aún no había llegado. Es casi como si la creación le hablara igual que él le había hablado a ella años atrás.[85] Qué extraño que Elías pudiera oír el sonido de la tormenta mucho antes de que las primeras gotas tocaran la tierra.

Me recuerda cómo Adán y Eva se escondieron en su desnudez porque oyeron el sonido de Dios que caminaba en el huerto. Imagina ser capaz de oír el sonido del caminar de Dios. Para la mayoría de nosotros, Él está dolorosamente en silencio. Ya es bastante complicado para la mayoría de nosotros oír la voz de Dios. Imagina vivir en tal intimidad con Dios que pudieras identificar el sonido de sus pasos.

Elías ascendió a la cumbre del Carmelo, se agachó en el suelo, y puso su cara entre sus rodillas. Ordenó a su sirviente que fuera a comprobar, mirara al cielo, y le dijera lo que había visto; pero cuando fue y miró, no había nada. Sin embargo, de algún modo Elías no se desalentó; envió al sirviente a mirar seis veces, y cada vez el sirviente regresó diciendo lo mismo: que no había nada allí.[86]

Estoy convencido de que la mayoría de nosotros habríamos abandonado nuestro cometido en este punto. Habríamos puesto más confianza en lo que se vemos que en lo que oímos. Sé que parece absurdo, pero Elías estaba oyendo sonidos del futuro; estaba escuchando lo que aún estaba por llegar. Fue la séptima vez cuando el reporte cambió. La séptima vez, el sirviente vio una pequeña nube, una nube del tamaño de un puño, que se elevaba desde el mar.

Supongo que en la mayoría de los casos el sirviente habría pasado por alto la señal aparentemente insignificante, pero si miras con la intención suficiente y sigues mirando más tiempo, verás las primeras señales de que está llegando el futuro. Aquello fue toda la confirmación que Elías necesitaba. Y se nos dice que inmediatamente después, el cielo se oscureció con nubes, se levantó viento, y comenzó a caer una tormenta.

Incluso muchos de nosotros que somos creyentes situamos historias como esta en la categoría de mitología. ¿Y si de hecho son un presagio de lo que se ha perdido? ¿Y si los milagros parecen aberraciones porque hemos aceptado el mundo tal como es y no como debería ser? ¿Y si se supone que has de ser capaz de oír el sonido de la próxima lluvia, si solamente supieras cómo escuchar?

En este momento, vemos las capas de la conexión de la actividad de Dios en la historia humana. Elías tenía un conocimiento en el alma, en el que lo supo antes de que sucediera realmente. El sirviente de Elías no podía ver en lo desconocido, pero fue consciente ante la primera señal. Acab, cuyo corazón era rebelde contra Dios, llegó a conocer solo después de que comenzara a caer la lluvia. Y probablemente hubo multitudes que nunca entendieron ni siquiera que la sequía y la tormenta estaban conectadas con la actividad de Dios y lo ignoraron siempre. El guerrero oye la lluvia antes de que caiga. Oye de parte de Dios cuando Él habla; le habla a Dios y Él escucha, y juntos hablan a la creación y la creación se mueve hacia su intención.

El guerrero oye el susurro en el viento, y el guerrero también puede susurrar al viento. El guerrero no se mueve hacia el futuro desde el presente; el guerrero se mueve al presente desde el futuro. El camino del guerrero es oír lo que no se puede oír, ver lo que no se puede ver, conocer lo que no se puede conocer. El camino del guerrero no puede recorrerse sin instrucciones de Dios; se puede transitar solamente mediante la intimidad con Él. El guerrero no sabe a dónde va; solamente sabe a quién está siguiendo. El guerrero marca su senda no por el destino, sino por la Presencia.

Hablar al viento

Era el 22 de septiembre de 2016, y yo estaba dando el mensaje de clausura de la noche en la Conferencia Mosaic en el auditorio del Hotel Ace, en el centro de Los Ángeles. He dado un número incontable de mensajes en multitud de lugares, y me tendrían que presionar bastante para que recordara la mayoría de ellos, pero nunca olvidaré este. Aquel día relaté una visión descrita por Ezequiel cuando estaba en el valle de los huesos secos. Dije que Ezequiel le habló al viento, y que ordenó a los cuatro vientos que llegaran, se movieran y produjeran vida. Él estaba en el límite del valle de los huesos secos y les ordenó que respiraran y vivieran. Llamó al viento del norte, del sur, del oriente y del occidente, y les dijo a los huesos secos que vivieran.[87]

Recuerdo declarar que somos los descendientes de quienes hablaron al viento y que el viento tuvo que inclinarse a sus voluntades; que cuando oímos la voz de Aquel que nos creó y aceptamos su intención para nosotros, es entonces cuando descubrimos el poder de nuestras propias voces y que la oración es más que un ejercicio de futilidad. Tenemos el poder para hablar al viento. Después de todo, si el Creador del universo actuó por nosotros, ¿cómo es posible que su creación nos ignore?

Sucedió lo más extraño aquella noche. Cuando más de mil personas salieron del edificio, Los Ángeles fue sacudido de repente por una tormenta de viento inesperada y poco característica. El viento soplaba con tal fuerza, que nos quedamos sin electricidad en la zona donde vivíamos. Teníamos planeada una pequeña reunión para esa noche en nuestra casa, donde los líderes que venían de todas las partes del mundo asistirían. Fue surrealista estar juntos en una habitación totalmente a oscuras, con el viento soplando a nuestro alrededor. Nadie tuvo que decir nada; fue casi como si Dios extendiera el mensaje. Años después de que esa noche llegara a su fin, sigo estando convencido de que el momento no fue casual, que Dios estaba hablando mediante la creación, que estaba confirmando que hay más poder en nosotros del que pensamos.

Una hermosa simetría que conecta todo esto es que la misma palabra hebrea para "viento" es también la palabra para "espíritu" y para "aliento". Lo mismo sucede en griego. En las Escrituras hebreas la palabra es *ruach*, y en griego es la palabra *pneuma*, que también tiene los tres significados en esa misma palabra. La misma palabra que describe el aliento que nos da vida, describe también el viento que sopla a nuestro alrededor. También describe el Espíritu de Dios, que viene a habitar en nuestro interior.

Por lo tanto, si te estás preguntando si realmente podemos hablar al viento, puedo decirte sin duda que el aliento de Dios, el Espíritu de Dios, el viento de Dios, habita en tu interior. Somos un pueblo del viento, y ese viento, que es el Espíritu de Dios, nos da el aliento de vida, el poder del viento y la voz del Espíritu.

Cuando Jesús se apareció por primera vez a sus discípulos después de su resurrección y ellos quedaron aterrados y llenos de temor por su aparición, Él les dijo: "¡La paz sea con ustedes!".[88] Y entonces Juan describió un detalle muy inusual. Dijo: "Acto seguido, sopló sobre ellos y les dijo: —Reciban el Espíritu Santo".[89]

Es más que casual que Juan observara que Jesús sopló sobre ellos cuando les dijo que recibieran su Espíritu. Recordemos que la palabra para "espíritu" es la misma palabra que para "viento" y la misma palabra para "aliento". Vivimos porque el aliento de Dios está en nosotros. Su aliento es el viento de su Espíritu. Esta imagen nos lleva de regreso al momento en que Dios creó al primer hombre. Con todo lo demás en la creación, Él simplemente lo declaró y existió. Él proclamó: "Sea la luz",[90] y la luz llegó a existir. Él habló, y el universo fue creado.

Pero fue distinto con el hombre. Cuando Dios formó al hombre del polvo de la tierra, "sopló en su nariz aliento de vida, y fue el hombre un ser viviente".[91] El hombre cobró vida cuando respiró profundamente de Dios. Jesús, cuando sopló sobre sus discípulos, estaba restaurando esta conexión íntima y profunda. No debería sorprendernos que poco tiempo después, cuando el Espíritu de Dios se derramó sobre su gente, Lucas pudiera describirlo solamente como el sonido de un fuerte viento. ¿Podemos aun hablar al viento? Solo si podemos oírlo hablándonos a nosotros.

Ver el viento

Cuando Jesús caminó entre nosotros, habló a las olas y al viento y les ordenó que se calmasen, y quedaron en silencio. A menudo nos referimos a esto como prueba de que Jesús era plenamente Dios, pero ¿es posible que esta sea una ventana a otra verdad: que Jesús era plenamente humano? Tiene sentido que atribuyamos todo lo que Jesús hizo –y que nosotros no podemos hacer– a su divinidad. Las implicaciones son demasiado grandes para que podamos soportarlas si en realidad son también expresiones de su humanidad. Mucho de lo que Jesús vino a hacer no fue simplemente indicarnos el regreso a Dios, sino también reflejarnos lo que significa ser creados a la imagen de Dios.

Ninguno de nosotros que hemos llegado a conocer a Jesús como el Hijo de Dios se sorprendería por el hecho de que Él caminó sobre el agua. Claro que Jesús podía caminar sobre el agua: Él es el Dios que creó el agua. Eso no sería nada para Dios, pero para nosotros no sería cosa de poco. Sin embargo, en esa ocasión cuando Jesús caminó sobre el agua para reunirse con sus discípulos mientras ellos se esforzaban para cruzar el mar, fue Pedro quien una vez más pidió lo extravagante: "Maestro, mándame que vaya a ti sobre el agua".[92]

Es casi como si Pedro entendiera que si Dios le hablaba y le dijera que caminara sobre el agua, el agua tendría que inclinarse a su voluntad. Jesús simplemente le dice que vaya, y Pedro sale de la barca y camina sobre el agua, aunque solo fuera por un momento, durante un paso o quizá dos.

¿Entiendes las implicaciones de este momento? Debo confesar que no tengo ni idea de cuáles pueden ser los límites de la capacidad humana cuando comenzamos a vivir realmente la plenitud de la imagen de Dios al caminar en su intención para nosotros. Lo que sí sé es que demasiados nos hemos rendido a ser menos de lo que es la intención de Dios para nosotros, y también sé que será necesario un acto de fe para que lleguemos a ser más.

Extrañamente, se nos dice que Pedro comenzó a hundirse cuando vio el viento y tuvo miedo. Me resulta curioso que muchos traductores realmente aumentan lo que dice específicamente la Escritura y sustituyen la palabra *viento* por *olas,* o al menos intenten darle una explicación.[93] La Biblia no nos dice que Pedro vio las *olas;* nos dice que vio el *viento.* Lo reinterpretamos porque nuestra experiencia nos dice que se pueden ver las olas, pero no el viento; a menos, desde luego, que estés caminando sobre el agua. Quizá si estás caminando sobre el agua puedes ver el viento.

Hasta donde yo sé, caminar sobre el agua no ha sucedido desde que Jesús y Pedro lo hicieron. Y quizá en términos de nuestra historia actual, ese fue un fenómeno único para un momento específico en el tiempo. Lo que sé es que hay lugares adonde Dios quiere llevarte y que están más allá de tu propia capacidad. De lo que estoy seguro es que el viaje de fe siempre da la sensación de caminar sobre el agua y ver el viento.

Incluso mientras escribo estas palabras, mi esposa está caminando entre los lugareños en Lilongwe, Malawi, con un equipo de otras treinta y cuatro personas. Han dejado la comodidad de sus propios hogares y la seguridad de su propio país para ir donde no habrían ido si Dios no los hubiera llamado. Lo que necesitas pensar cuando recuerdas a Pedro caminando sobre el agua no es que también deberías proponerte caminar sobre el agua, sino que necesitas ver dónde está Jesús y oír dónde te está llamando a ir, e ir allí a pesar de lo que tengas que atravesar. Debes caminar con confianza, sabiendo que ni el agua ni el viento pueden alejarte de la intención de Dios en tu vida y que, de hecho, el universo allanará el camino para ti si decides caminar hacia adelante.

Por lo tanto, mi pregunta para ti es simplemente esta: ¿de qué barca necesitas salir? Es decir, ¿cuál es el paso siguiente que debes dar? Todos tenemos excusas más que suficientes para quedarnos en la barca, y razones más que suficientes para explicar por qué nunca podríamos caminar sobre el agua. A propósito, podrías ser bien consciente de que finalmente Pedro comenzó a ahogarse. Esa no es la parte inesperada; deberías esperar que eso sería una posibilidad real si te aventuras a caminar sobre el agua.

Cuando Pedro comenzó a ser rodeado por las olas, clamó a Jesús y le pidió que lo salvara. Es consolador saber que Jesús se acercó inmediatamente y lo sacó de las aguas. Ayudó a Pedro a ponerse de pie, y mientras los dos estaban sobre el agua, Jesús mantuvo una breve conversación con Pedro sobre su falta de fe. Entonces, tras aprovechar lo que debió haber sido un momento de enseñanza impresionante, Jesús caminó con Pedro de regreso a la barca.

El camino de regreso, desde mi perspectiva, es mucho más profundo que los pasos que dio Pedro para llegar hasta Jesús. Uno pensaría que cuando Pedro comenzó a hundirse, Jesús tendría que haberlo cargado de regreso o incluso que él tendría que haber nadado al lado de Jesús mientras Jesús regresaba caminando sobre el agua solo. En cambio, Pedro pudo lograr, después de comenzar a ahogarse en su duda, lo que no pudo hacer antes de su momento de fracaso. Toda la perspectiva de Pedro de lo que era posible tuvo que haber cambiado drásticamente en ese momento.

Jesús oró para que todos fuéramos uno, como su Padre y Él son uno.[94] No creo que hayamos ni siquiera comenzado a comprender las implicaciones que hay tras esa oración. Estamos tan condicionados a vivir desconectados de todos los demás y de todo lo demás, que el concepto de unidad nos elude. ¿Qué tipo de criaturas pueden oír la lluvia antes de que llegue, y ver el viento cuando sopla, y caminar sobre el agua cuando Dios les dice que vayan? ¿Qué tipo de criaturas pueden oír el sonido de Dios caminando en el huerto en el frescor del día? ¿Quién puede tener comunión con Dios mientras es lanzado a un horno de fuego y aun así salir de allí sin quemaduras? Parecería que solo ángeles podrían oír susurrar a Dios cuando están escondidos en una cueva o ver en un sueño el futuro que espera. Sin embargo, en cada uno de esos casos descubrimos que es la historia de Dios y del hombre caminando juntos en el tiempo y el espacio.

Quizá hemos subestimado lo que significa ser humano. ¿Es posible que las historias que han sido preservadas para nosotros en la Biblia no estén ahí simplemente para inspirarnos, sino también para provocarnos? Después de todo, Elías era un ser humano, como somos nosotros,[95] y lo más importante, él era solamente un ser humano. Entonces, ¿por qué no refleja nuestra humanidad este tipo de experiencia, este tipo de vida?

Cuando llegas a ser uno con Dios, comienzas el viaje para llegar a ser uno con otros, y para tu sorpresa, también descubrirás que llegas a ser uno con el universo que te rodea. Jesús es la intersección de todas las cosas. Es Jesús quien habita en unión perfecta con Dios, y el hombre, y la creación. Para llegar a ser uno con todas las cosas, antes tienes que ser uno con Cristo. Jesús vino para reconciliar todas las cosas; vino para reconciliarnos con Dios, para reconciliarnos unos con otros, y para reconciliarnos con la creación.

De hecho, la Biblia nos dice que toda la creación gime por su redención. No pudimos verlo, pero cuando nosotros cortamos nuestra relación con Dios, creamos un desgarre en el universo. Irónicamente, el universo parece más consciente de su quebrantamiento que nosotros del nuestro. Sin embargo, el clamor del universo es solamente un eco del clamor en el interior del corazón de la humanidad. El universo en ti tiene un desgarre, y clama por su redención. Solamente Jesús puede sanar ese desgarre y redimirte para vida.

El Creador del universo intervino en su creación, se hizo como uno de nosotros, y entregó su vida para que nosotros pudiéramos vivir. Se permitió a sí mismo ser quebrantado para así poder sanar nuestro quebrantamiento. La cruz es la intersección de todas las cosas. Sabemos esto sobre Jesús:

> Él es la imagen del Dios invisible, el primogénito de toda creación, porque por medio de él fueron creadas todas las cosas en el cielo y en la tierra, visibles e invisibles, sean tronos, poderes, principados o autoridades: todo ha sido creado por medio de él y para él. Él es anterior a todas las cosas, que por medio de él forman un todo coherente. Él es la cabeza del cuerpo, que es la iglesia. Él es el principio, el primogénito de

> la resurrección, para ser en todo el primero. Porque a Dios le agradó habitar en él con toda su plenitud y, por medio de él, reconciliar consigo todas las cosas, tanto las que están en la tierra como las que están en el cielo, haciendo la paz mediante la sangre que derramó en la cruz.[96]

No solo todo fue creado por medio de Dios y para Dios, sino solamente en Jesús todas las cosas forman un todo. Debido a esto solamente por medio de Él, y mediante su sacrificio en la cruz, son reconciliadas a sí mismo todas las cosas. Por medio de Él es que la separación que define nuestra existencia puede ser vencida finalmente. Esto, entonces, se convierte en nuestro imperativo: reconciliar al mundo. El guerrero sabe que la paz puede llegar solamente mediante la reconciliación. Cuando el guerrero es uno con todas las cosas, está en paz consigo mismo.

Como dice en Hebreos: "sin fe es imposible agradar a Dios".[97] Siempre he pensado que esa era una expectativa injusta sobre la humanidad de la que Dios no pide cuentas a ninguna otra especie. Nosotros somos la única especie en toda la creación que no puede agradar a Dios sin fe. El salmón lucha para nadar corriente arriba y poner sus huevos, y aunque es una gran batalla, no está involucrada la fe. El aguilucho un día debe ser empujado fuera del nido por su madre con la esperanza de que sus alas sean lo bastante fuertes para sostener el vuelo, pero no se requiere fe. Un pez puede que tenga que compartir un océano con un tiburón, pero Dios nunca le pide cuentas de su fe.

¿Por qué solamente los seres humanos están sujetos a este estándar? ¿Por qué sin fe no podemos agradar a Dios?

La razón es a la vez sencilla e importante: somos la única especie en la creación que puede vivir por debajo de su intención. Todo en la creación es creado con intención, ya que todo en la creación refleja la intención de Dios. Ya sea trigo o cizaña, abejas o mariposas, lobos o antílopes, todo en la creación tiene su lugar, sus relaciones y su intención. Hemos visto en nuestra propia vida que devolver a los lobos a su hábitat natural restaura radicalmente un sistema ecológico deteriorado.

Con la complejidad más elegante posible, todo en la creación existe no para sí mismo sino para todo lo que está interconectado a ella. Es difícil concebir que la ballena azul, el gigante del mar, viva solamente del plancton del océano, que apenas puede percibirlo el ojo humano. Es desconcertante que la humanidad sea la única especie con consciencia y simultáneamente sea tan inconsciente de la dependencia de la creación de las elecciones que hace. Nosotros somos la única especie que mantiene cautiva a la creación, y sin embargo somos tan dependientes de la naturaleza como ella lo es de nosotros. Destaco esto solamente para que seamos conscientes de una realidad mayor: que aunque un tigre es siempre un tigre y una cobra es siempre una cobra, ninguno de ellos puede hacer nada fuera de su intención.

Sin embargo, los seres humanos podemos vivir vidas inhumanas. Los seres humanos podemos vivir por debajo de nuestra intención. Los seres humanos podemos violar la esencia de quienes fuimos creados para ser. Incluso aquellos que no creen en el Creador o en que fuimos creados a su imagen se encuentran desconcertados por su propio lenguaje. Nunca juzgamos la moralidad de un tigre o una cobra;

nunca llegamos a la conclusión de que un escorpión o viuda negra ha violado algún código de ética o ha decidido vivir una vida por debajo de su intención. Sin embargo, los seres humanos pueden crear o hacer cosas que definiríamos como antinaturales y pueden cometer crímenes horrendos unos contra otros. Tales acciones se denominan inhumanas.

Sin embargo, la intención de Dios para ti sobrepasa eso. Para algunos, el lenguaje de la fe parece dar a entender que viviremos vidas que son *súper* humanas. Lo que he llegado a conocer, y lo que revela la Escritura, es que la fe en realidad nos hace humanos de nuevo.

Ser humano

La razón por la que no podemos agradar a Dios sin fe es que la fe restaura nuestra humanidad. Nunca fuimos diseñados para operar fuera de la fe. Cuando vivimos sin fe, perdemos nuestras relaciones apropiadas con Dios, los unos con los otros, y con el universo. En la misma narrativa, se nos dice que la fe nos mueve hacia la confianza en lo que esperamos y la seguridad en lo que no vemos.[98]

Esta descripción contradice toda la experiencia humana. Es más natural tener más confianza en lo que realmente tienes que en lo que esperas. Lo que tienes existe en el presente, pero lo que esperas existe solamente en el futuro. Cuando tu esperanza está en el pasado, estás desesperanzado.

Por lo tanto, la fe causa un cambio en el interior de un espíritu humano. Traslada al guerrero de la confianza en lo que tiene a la confianza en lo que espera. Nos traslada de ser criaturas atrapadas en el pasado o contenidas por el presente, a estar conectados íntimamente con el futuro. Los chacales no tienen futuro; solo tienen el presente. Los elefantes quizá tienen una gran memoria, pero no tienen ninguna percepción del futuro. La especie humana es la única consciente del futuro y, de hecho, capaz de crearlo.

La fe no solo cambia nuestra confianza del presente al futuro, sino también de la esfera de lo visible a la de lo invisible. Fe no es solamente confianza en lo que esperamos, sino seguridad en lo que no vemos. Esto no coincide con la experiencia humana natural. Por nosotros mismos, tenemos seguridad solamente en lo que vemos, o como mínimo tenemos más seguridad en lo que vemos que en lo que no vemos. Justo en el corazón de los Estados Unidos se ubica Missouri, cuyo apodo es "el estado del muéstrame". No creo que tengamos un estado cuyo lema central sea "ver lo invisible".

El camino del guerrero es un viaje hacia el futuro invisible. El guerrero entiende que no debe pelear por el pasado sino pelear por el futuro, que sus armas no son las armas de este mundo, sino que son divinamente poderosas e imperceptibles por el hombre natural.

El autor de Hebreos nos recuerda que "por la fe entendemos que el universo fue formado por la palabra de Dios, de modo que lo visible no provino de lo que se ve".[99] El escritor usó la creación como el ejemplo para ayudarnos a entender cómo debemos vivir porque somos creación. Dios hizo todo lo que es visible de lo que es invisible, y todo lo que es visible e invisible está sujeto a su mandato.

Eso es lo que significa vivir por fe. No es un camino nuevo, sino uno viejo. Los antiguos fueron elogiados por esta vida de fe. La fe está conectada al futuro y a lo invisible; es conexión con lo trascendente y eterno. Es así como habíamos de existir; es así cómo habíamos de vivir la vida. Cuando nos mantenemos en nuestra intención, somos los que caminan sobre el agua, los que ordenan a los cuatro vientos que soplen a los huesos secos. Somos los que claman para que descienda fuego del cielo. Somos los que están delante del mar y les dicen a las aguas que se dividan y abran un camino.

Yo era nuevo en mi viaje de fe. No sabía mucho sobre Dios, las Escrituras, o el camino del guerrero. Lo único que sabía es que había llegado a conocer al Creador del universo y que su nombre era Jesús. Mis enseñanzas sobre la fe eran bastante limitadas. Me dijeron que leyera la Biblia y meditara en su verdad, que orase con la expectación de que Dios me escucharía, que escuchara con la expectación de que Dios me hablaría. También me dijeron que el mismo Dios que escribió la Biblia es el Dios que también escribiría las páginas de mi historia.

Yo tenía solo veinte años y era alumno de la Universidad Elon, y rápidamente comencé a conocer a otras personas de fe. Había una persona en particular que tuvo un efecto drástico en mi peregrinaje al principio. Ella era joven y vibrante, y desde todos los aspectos parecía tener una fe dinámica e inconmovible. Sin embargo, un día me confió que antes de estar en la universidad había vivido una vida muy diferente. Había estado viviendo con un exnovio, y ambos estaban muy involucrados en algunos patrones autodestructivos. De modo inesperado, ella me expresó que recientemente había contactado con él y había decidido regresar a su anterior modo de vida.

En ese punto en mi viaje de fe, no podía imaginar por qué alguien decidiría alejarse de Dios cuando había llegado a conocerlo, pero pude ver que ella sufría dolor. Le pregunté dónde sentía que estaba Dios en todo aquello, y ella confesó que Dios ya no le parecía real. Yo no estaba preparado para aquello. Seguía siendo nuevo en la fe. Solamente sabía que Dios no le daría la espalda aunque ella le hubiera abandonado a Él.

Quizá fue mi propia sensación de desesperación, pero le dije: "Si hay algo que Dios pudiera hacer para demostrarte su amor por ti, sé que lo haría". Ahora entiendo que probablemente aquella no fue la cosa más sabia del mundo para decirle, pero es lo que me vino a la mente en aquel momento. No sé lo que esperaba que ella dijera. No había pensado con la antelación suficiente para intentar predecir su respuesta.

Ella me miró y dijo: "Bueno, entonces si Dios me ama, quiero que haga nevar". Ahora bien, no es que no nieve en Carolina del Norte, pero aquel día no había ninguna expectativa de nieve; es más, había cero posibilidades de nieve. Ninguna precipitación a la vista. De repente, fue para mí un día claro y sombrío.

A pesar de lo inquietante de su petición, mi respuesta fue incluso más inquietante. Realmente no puedo decirte por qué dije lo que dije. Lo único que sé es que, sin ninguna duda, le miré y le dije: "Dios va a hacer que nieve para demostrarte que te ama".

Ahora sé que la prueba definitiva del amor de Dios es que envió a su Hijo Jesús a morir en la cruz por nosotros, pero no fue eso lo que vino a mi mente aquel día. En el momento mismo en que me escuché decirlo, quise darme a mí mismo un poco de tiempo, pero debido a que estaba en modo pánico, en lugar de decir que Dios quizá podría necesitar más de veinticuatro horas, le dije que sin duda alguna sucedería dentro de las siguientes veinticuatro horas. No recuerdo nada más de la conversación después de aquello. Yo regresé a mi cuarto, cerré la puerta, bajé las persianas, apagué las luces, me postré sobre el piso y comencé a orar.

No estaba totalmente seguro de lo que acababa de suceder. ¿Me habló Dios y yo simplemente me hice eco de sus palabras? ¿O traspasé mis límites e hice una promesa que no podía cumplir? De modo que mientras oraba, intentaba cubrir todas mis bases: *Dios, si no fuiste tú, ¿podrías hacer que de todos modos sucediera? Soy nuevo en esto. He estado en esta senda solamente tres meses. Aún estoy intentando encontrar mi camino.*

Pero lo que yo creí que había sucedido fue que Dios me habló, que escuché su voz, que Él me dijo que hablara a la creación y declarara su intención. Y así fue exactamente como se lo dije a ella. Declaré que sucedería. Yo estaba caminando sobre el agua. Ahora estaba mirando al viento. Y quizá mientras oraba con incertidumbre, también me encontraba ahogándome bajo la fuerza de las olas.

Y entonces me quedé dormido. Y mientras oraba y dormía, no sabía lo que mi amiga estaba haciendo. Parece que ella le estaba diciendo a cada persona que veía que Dios iba a hacer nevar por ella porque la amaba. Es asombroso cuán rápidamente una historia como esa se difundirá por un campus universitario.

No pasó más de una hora cuando mi compañero de cuarto entró en nuestra habitación e interrumpió mi sueño; me refiero a mis oraciones. No me saludó y me preguntó cómo estaba; simplemente se me quedó mirando y me preguntó: "¿Has mirado fuera?".

Recuerdo que me levanté y caminé con cautela hacia la ventana, respirando profundamente y levantando aquella fea persiana amarilla. Pensé que me hacía esa pregunta para burlarse, para hacerme saber que había perdido toda mi credibilidad, pero ese no era el caso en absoluto. Cuando la persiana dejó a la vista la ventana, no podía creer lo que veían mis ojos. Había nieve por todas partes. Claramente, había estado nevando casi desde el momento en que yo me había escondido, con temor por lo que había hecho.[100]

Puedes intentar darle una explicación a todo eso del modo que quieras, y si te resulta difícil de creer, a mí también, y yo estaba allí. Pero aquel momento se convirtió en una parte de mi historia hace casi cuarenta años atrás, y nunca he sido el mismo desde entonces. He estado escuchando la voz de Jesús llamarme hacia donde claramente yo no puedo ir sin Él.

Algunos quieren tratar solamente como una metáfora el que Pedro caminara sobre el agua y viera el viento Eso le hace un mal servicio al relato. Necesitamos permitir que la verdad de su historia desmantele nuestras perspectivas de la realidad y nos abra a las posibilidades infinitas de lo que Dios puede hacer con nosotros en esta vida.

Sé que Dios aún habla. Él todavía hace lo imposible. Él nos sigue llamando a una vida que puede vivirse solamente por la fe. ¿Podemos caminar realmente sobre el agua? ¿Podemos realmente clamar para que descienda fuego del cielo? Lo único que sé es que ese día en particular yo escuché una voz que me decía que declarara al universo que podía llegar la nieve; y eso sucedió. Lo único que realmente puedo decirte es que, al menos por un momento, estuve conectado con todas las cosas y oí la nieve antes de que cayera, y no puedo vivir con una verdad menor que esa.

Lo eterno

Enoc fue arrebatado de esta vida para que no experimentara la muerte. No pudo ser encontrado en la tierra porque Dios se lo había llevado. Antes de ser tomado, fue elogiado como alguien que agradó a Dios. La Biblia resume su vida de este modo: "como anduvo fielmente con Dios, un día desapareció".[101] Tendemos a ver la vida y la muerte como lineal y secuencial. Esa podría ser la razón por la que vemos el tiempo y la eternidad de la misma manera. El guerrero sabe que la eternidad no espera al tiempo. Para el guerrero, la eternidad es ahora, y ahora es la eternidad. El guerrero camina en lo eterno porque camina en unidad con Dios.

Abraham esperaba una ciudad que aún no había sido construida; José vivió años de encarcelamiento sabiendo que sus sueños eran ventanas al futuro; Noé construyó un arca antes de que el mundo hubiera conocido la lluvia. Cada uno de ellos vivió como si fuera un viajero en el tiempo que venía del futuro y nos preparaba para lo que habría de llegar.

El guerrero no vive en el pasado, ni tampoco está nunca atrapado en el presente. Aunque su vida pueda parecer extraordinaria, lo único que ha hecho es reclamar su humanidad. Entiende que su fuerza no se forma al estar solo, sino en conexión con todas las cosas. Ve a Dios en todo lugar y siempre en movimiento. Ve sus huellas en cada página de la historia humana. Lo siente moviéndose en el viento, escucha su rugido en el océano, y conoce su presencia en cada aliento.

A algunos les resulta difícil ver a Dios en alguna parte. El guerrero descubre que es imposible no verlo en todas partes. Todo está conectado. Ese es tu poder; esa es tu fuerza: que nunca estás solo. Tú eres uno con Dios y con toda la creación.

Salomón escribió en el libro de Eclesiastés que Dios ha puesto eternidad en el corazón humano.[102] Las implicaciones de este versículo llegan mucho más allá de todo lo que hemos considerado hasta ahora en este capítulo. Aunque tú eres parte de la creación y fuiste creado para estar conectado con todas las cosas, estás conectado más profundamente no al tiempo, no al espacio, sino a la eternidad. Esto es lo que hace a la humanidad diferente de toda la creación en el orden creado. Aunque estás atado al tiempo y al espacio, no puedes quedar contenido por ellos. Perteneces a la eternidad.

Jesús dijo: "todo lo que ates en la tierra quedará atado en el cielo, y todo lo que desates en la tierra quedará desatado en el cielo".[103] Las implicaciones de este versículo y del versículo en Eclesiastés son tan poderosas que realmente pueden estar más allá de nuestra comprensión. La conexión a la que somos llamados va mucho más allá de lo que es visible hasta lo invisible, más allá de lo creado hasta lo eterno, más allá de lo finito hasta lo infinito.

El guerrero no pertenece al tiempo, porque el alma del guerrero es atemporal. El guerrero está a la vez presente en el momento y plenamente presente en lo eterno. El guerrero ve lo eterno en cada momento, lo infinito en cada detalle. El guerrero sabe que puede conocer el cielo en la tierra y, más importante, puede traer el cielo a la tierra. El camino del guerrero es el final de la separación. El guerrero es uno con todas las cosas.

CÓDIGO 8

El guerrero permanece en su dolor

El guerrero lleva bien sus heridas. Sus cicatrices tienen una belleza que solamente el sacrificio puede crear. El guerrero nunca oculta sus cicatrices. Sabe que sus cicatrices son la historia de su vida. Quien no tiene ninguna herida, no ha peleado nunca una batalla. El guerrero confía solamente en la persona que lleva sus heridas abiertamente y las lleva bien. Algunas heridas son tan profundas que toman años para sanar; otras heridas no se ven, y la sanidad toma toda una vida. El guerrero sabe que la batalla le causará un gran dolor, angustia y sufrimiento. Uno no va a la guerra porque piense que puede evitar la derrota. Uno no va a la guerra porque crea que la victoria es segura. Vamos a la guerra porque sabemos que debemos pelear.

No quiero que pierdas de vista la intención de mis enseñanzas. Nunca debes olvidar que el guerrero pelea solamente por la paz. Y aunque siempre viviremos en un mundo de guerra y rumores de guerra, el guerrero tiene una única intención: ganar la batalla que se libra en el interior. Si estás decidido a estudiar a tu adversario y asegurar tu victoria, debes conocerte a ti mismo. Debes saber que la batalla está en el interior. Esta es la batalla que pretendo ayudarte a ganar. El mundo siempre ha estado en guerra, y abandonada a sus propios medios, la guerra no solo será nuestra historia, sino también nuestro destino.

Las páginas de este libro tienen una clara intención: ganar la batalla por la paz una persona a la vez, un corazón a la vez, un alma a la vez. No puedes llevar paz al mundo si nunca has llegado a conocer la paz en tu interior. Y extrañamente, incluso si se te ha dado el lujo de vivir en un tiempo de paz o en un lugar en esta tierra que no ha sido tocado por la guerra, tu alma no conocerá tal lujo. La paz que deseas llegará solamente cuando decidas enfrentar tus mayores batallas. Si huyes de tus temores, nunca los conquistarás. Si huyes de tu dolor, nunca serás libre de él. Si huyes de la oscuridad interior, nunca te convertirás en un guerrero de luz, lo cual es tu intención y también tu destino. Tus heridas no te descalifican para tomar la senda del guerrero. Sería justo decir que el guerrero está más familiarizado con el dolor que aquel que se ha rendido a una intención menor.

El guerrero permanece en su dolor. Sus heridas son su placa de honor. Cada batalla se pelea primero en el interior. Cada victoria asegurada para tu futuro se pelea primero por ti en tu batalla por la fe. Para vivir en la luz, antes debes enfrentar tu oscuridad interior. Tus batallas externas se ganan o se pierden en tu mundo interior. No puedes separar la paz mundial de la paz interior. No puedes separar las batallas diarias que enfrentas de las batallas invisibles que parecen no tener rostro.

Incluso mientras escribía estos capítulos, enfrenté una encrucijada en la cual tenía que decidir si permanecer o retirarme. Me habían invitado a hablar en un importante evento. Lo que antes parecía una oportunidad sin precedente ahora llevaba el peso de una controversia y dolor inimaginables. Sin entrar en detalles, sentía el peso social e incluso global de la responsabilidad de si debía retirarme y no hablar en el evento o, en cambio, honrar mi compromiso. Varios oradores decidieron cancelar, y entendía su razonamiento, o al menos su decisión. Pero mientras oraba, escuché una voz clara que hablaba a las profundidades de mi alma. Tan claramente como escuché las palabras de apertura de este libro: "El guerrero no está listo para la batalla hasta que ha llegado a conocer la paz", escuché estas palabras: "El guerrero permanece donde otros se retiran".

Fui y me paré en medio de personas que estaban soportando un gran dolor. Habían sido heridas e incluso traicionadas por los líderes en quienes habían puesto su confianza. Una persona profundamente afectada por las controversias y las heridas que los rodeaban me expresó: "Pensé que los líderes corrían hacia el fuego y no que se alejaban de él".

Si escoges el camino del guerrero, soportarás muchas heridas. Sin embargo, las heridas que soportarás no terminarán con las tuyas propias. El guerrero soporta las heridas de otros. El guerrero soporta las heridas del mundo. El guerrero sabe que las únicas heridas que pueden sanar son las que está dispuesto a soportar en él mismo.

En la victoria, cada guerrero se ve valiente y fuerte. Sin embargo, es la derrota la que te deja sin nada y te fuerza a ver tu verdadero yo. El éxito te permite mantener la ilusión de quién eres; es en el fracaso donde llegas a conocerte mejor a ti mismo. Las habilidades de un guerrero puede que le ayuden en la victoria, pero le resultan inútiles en la derrota. Cuando enfrentas la derrota, te quedas solamente contigo mismo. Es entonces cuando enfrentarás tu mayor batalla. Te encontrarás en guerra con la oscuridad interior. Tu mayor peligro será convencerte a ti mismo de que estás fuera del alcance de esa oscuridad, que has viajado tan lejos que tu alma es impenetrable. Sin embargo, el guerrero aprende que sus mayores victorias y derrotas llegan con frecuencia como dos lados de la misma espada.

Las batallas que peleamos llegan a ser ineludibles tanto en el interior como en el exterior. La victoria en una batalla no nos asegura victoria en otra. Puede que estés ganando la batalla interior para vivir tu vida más heroica y valiente, y aún así pierdas tu empleo y te encuentres en peligro financiero. En el mismo momento en el que alcanzas la cima del éxito en tu carrera puedes llegar a casa para enfrentar el final de tu matrimonio. Hemos visto mediante la trágica pérdida de talentos extraordinarios como como la del famoso chef y documentalista de viajes Anthony Bourdain, y la prominente diseñadora de modas Kate Spade, que las victorias en el exterior tal vez solo estén escondiendo las batallas que se han perdido en el interior. Todos nosotros somos retratos de contradicción. En esos momentos en que nos sentimos más indómitos, descubrimos que somos más frágiles.

Fuego y cenizas

El profeta Elías en una ocasión se enfrentó él solo casi a cerca de mil falsos profetas. Con una multitud de espectadores, él desafió a los falsos profetas a una batalla para demostrar el poder de los dioses a los que adoraban. La batalla debía ser conducida con algunas armas y circunstancias inesperadas.

Tanto Elías como los falsos profetas construirían un altar y prepararían una ofrenda a sus dioses; sin embargo, no encenderían un fuego real como harían normalmente para que los sacrificios animales fueran consumidos. Elías estableció los términos del reto: los falsos profetas orarían a sus dioses y pedirían que descendiera fuego del cielo y consumiera el altar. Entonces Elías oraría a su Dios y haría la misma petición.[104]

Elías y los falsos profetas estuvieron de acuerdo en los términos, y comenzó la batalla. La medida del éxito sería sencilla: la deidad que respondiera mediante fuego es el Dios verdadero. Todos los espectadores entendieron el escenario y lo que estaba en juego. Elías situó toda su reputación y la reputación de Dios sobre la idea absurda de que Dios enviaría ese fuego desde el cielo.

Los profetas de Baal clamaron a su dios desde la mañana hasta la tarde, pero no hubo ninguna respuesta. Danzaron y danzaron para captar su atención, pero fue inútil. Gritaron cada vez con más fuerza, pero Baal estaba en silencio. Y entonces, como era la costumbre de su religión oscura, los profetas de Baal comenzaron a hacerse cortes con espadas y lanzas hasta que su sangre fluyó como una ofrenda a su dios. Pero nada de lo que pudieran hacer pudo lograr que un dios que no existía respondiera sus oraciones. Cuando llegó la tarde, sus frenéticos intentos de despertar a Baal terminaron como una profunda futilidad. Nadie respondió. Nadie contestó. Nadie prestó atención.

Deberíamos notar que Elías no se limitó a quedarse sentado durante ese tiempo. La Biblia indica que se burlaba de los profetas de Baal y los alentaba a gritar más fuerte, y se burlaba de la apatía e inactividad de su dios. "Tal vez esté meditando", les decía, "o esté ocupado o de viaje. ¡A lo mejor se ha quedado dormido y hay que despertarlo!".[105] Elías estaba decidido a no dejar ninguna ambigüedad o incertidumbre sobre quién era el único Dios viviente.

Cuando los profetas de Baal aceptaron su fracaso, Elías dio un paso al frente y le dijo a la gente que se acercara a él. Fue más allá y por encima de los términos iniciales del reto. Cavó una larga zanja alrededor del altar e indicó a la gente que llenaran cuatro jarras grandes de agua, e hizo que derramaran esas jarras de agua sobre la ofrenda y la leña. Entonces les dijo que lo hicieran otra vez, y después les ordenó que volvieran a hacerlo una tercera vez. Ellos debieron pensar que Elías se había vuelto loco. ¿Acaso no era lo bastante difícil orar para que descendiera fuego del cielo sin tener que inundar el altar?

El altar estaba empapado de agua que rebosaba, e incluso llenaba la zanja que habían construido alrededor. Entonces Elías dio un paso y comenzó a orar, y pidió a Dios que diera a conocer su presencia y ayudara a que su pueblo regresara de corazón a Él. Sin duda, sin un lapso de tiempo notable, cayó fuego del cielo; quemó el sacrificio, la leña, las piedras y la tierra, y también consumió toda el agua que había en la zanja. Cuando el pueblo vio todo aquello, se postraron sobre sus rostros y clamaron: "¡El Señor es Dios! ¡El Señor es Dios!".[106]

Incluso como observadores, disfrutamos en momentos de gran victoria. Cuando Brasil gana una Copa del Mundo, todo el país baila en las calles. Este fue el momento cumbre de Elías. Este fue los Red Sox batiendo a los Yankees, los

Cavaliers batiendo a los Warriors, los Eagles batiendo a los Patriots. En momentos como este, nos sentimos invencibles. El problema, desde luego, es que no lo somos.

Tras una experiencia como aquella, uno pensaría que Elías era intocable, que su resistencia era impenetrable, y que nada podría jamás sacudir su fe o hacer que se sintiera desalentado o temeroso. Sin embargo, sorprendentemente descubrimos que sucedió precisamente lo contrario. Después de este momento decisivo en la vida de Elías, en el cual la presencia y el poder de Dios fueron innegables, Elías fue realmente más vulnerable a las fragilidades de su humanidad. ¿Cómo pasó Elías de clamar victoriosamente que descendiera fuego del cielo a llorar y cubrirse él mismo de cenizas?

Cuando Acab y Jezabel se enteraron de lo que había hecho Elías, Jezabel envió un mensaje a Elías para hacerle saber que a la misma hora al día siguiente, ella se aseguraría de que su vida llegara a su fin. Lo que yo esperaría de Elías sería que él enviara un mensaje de respuesta a Jezabel, algo como: "¿Quién te crees que eres? ¿Y quién crees que soy yo?". Después de todo, hacer descender fuego del cielo debería crear una cantidad importante de confianza en sí mismo.

Pero en cambio, "Elías se asustó y huyó para ponerse a salvo".[108] Esto me parece una respuesta radical después de una victoria tan extraordinaria, excepto cuando miro a mi propia vida. Muchas veces me he encontrado siendo más vulnerable después de haber parecido casi imparable. Quienes te ven desde la distancia observarán las batallas que peleas por ellos, pero no las que peleas por ti mismo. La mayoría no habría predicho que Elías tendría miedo y huiría. Aunque es cierto que el éxito fomenta éxito y la valentía alimenta valentía, también es igualmente cierto que cada guerrero de luz tiene que pelear contra su propia oscuridad.

No es una ironía pequeña que, como respuesta a su temor, Elías huyera para ponerse a salvo. La verdad es que no huyó para salvar su vida; huyó *de* su vida. Inesperadamente, la última victoria no le dejó con la fuerza para la siguiente batalla. Esta es una de las razones por las que es importante celebrar cada victoria y asegurarte de tomar el tiempo para reponer tus fuerzas. Después de todo, la recompensa de una gran batalla es una batalla mayor. A veces tenemos la sensación de que es más de lo que podemos soportar.

Hay momentos, incluso, para los guerreros más grandes, en los cuales simplemente no sabemos si tenemos las fuerzas para llevar nuestras armas una vez más a la batalla. Algunas veces el arma es la fe, otras veces el arma que más necesitamos es la esperanza, y sin duda, nuestra arma más poderosa es el amor. Cuando estamos llenos de temor, la fe puede parecer demasiado pesada para llevarla. Cuando nos ahogamos en la desesperación, la espera puede parecerse más a autoengaño. Si permitimos que el odio se cuele en nuestra alma, el amor parece menos un arma en nuestras manos y se parece más a una soga que rodea nuestro cuello. El guerrero sabe que sus únicas armas son fe, esperanza y amor. Solamente ellas nos ayudarán en la batalla. Solo la fe, la esperanza y el amor pueden darnos la paz que buscamos y crear la paz que el mundo necesita tan desesperadamente.

El lado oscuro de la victoria

He tratado de vivir una vida valiente, incluso una vida heroica. He intentado hacer todo lo posible para tomar decisiones que reflejen mi fe. Pero puedo decirte que ha habido muchas veces en las que lo único que he querido hacer es huir y esconderme. La paradoja es que observadores externos habrían estado seguros de que yo estaba teniendo el mejor momento de mi vida. Lo único que ellos podían ver es una batalla ganada tras otra. Solamente porque la vida de alguien pueda estar marcada por una serie de grandes victorias no significa que haya estado exento de las batallas que todos enfrentamos desde el interior.

Elías tenía gran fe y gran valentía, y sin embargo, en este momento cuando huyó de Jezabel, lo encontramos ahogándose en temor y duda. Elías es un desgarrador recordatorio de que incluso cuando tenemos fe, somos vulnerables al temor; que incluso cuando tenemos esperanza, seguimos siendo susceptibles a la desesperación. El guerrero sabe que la luz y la oscuridad están en guerra en su interior. Sin importar cómo se vea, cada héroe sigue siendo humano. Elías no era distinto. El guerrero conoce su fuerza y, quizá más críticamente, conoce su debilidad. Elías pasó de estar firme con una fe inconmovible contra todo pronóstico, a huir para ponerse a salvo y ser sobrecogido por un temor irracional.

Poco después de estar demasiado agotado para seguir corriendo, llegó a unos arbustos y se sentó a su sombra. ¿Qué tipo de oración esperaríamos que hiciera un hombre como Elías en un momento como este? *Señor, del mismo modo que hiciste descender fuego del cielo y del mismo modo que cerraste los cielos y retuviste la lluvia, te pido que te ocupes de Acab y*

Jezabel. Esa es la oración que yo esperaría. *Dios, ya has demostrado tu poder, ya has hecho innegable que tú estás conmigo. Solamente dime dónde ir y qué hacer, y lo haré*. Eso es lo que yo podría anticipar que diría, pero en realidad su oración fue precisamente lo contrario.

Él se sentó bajo el arbusto y oró pidiendo la muerte. "¡Estoy harto, Señor!", protestó. Quítame la vida, pues no soy mejor que mis antepasados. Luego se acostó debajo del arbusto y se quedó dormido".[109] A mí me parece que la única esperanza que tenía Elías era que Dios pusiera fin a su vida en la tranquilidad de su sueño. No creo que esperara ser despertado a la misma vida de la que había huido.

Una de las realidades más desconcertantes que he llegado a aprender es que a la estela de mis mayores victorias llegarán chocando contra mi alma mis mayores desesperaciones. Estarán a la medida de su estatus: mientras mayores sean las alturas de la victoria, mayores las profundidades de la desesperación. No permitas que nadie te diga nunca que el temor te hace ser cobarde. En el momento en que crees que no eres vulnerable a las más básicas de las fragilidades humanas, te has situado a ti mismo para ser hecho pedazos. Todo el mundo se desalienta. Y por su etimología, ser desalentado es perder la valentía. Más de nosotros de los que nunca lo admitirán, batallarán con la depresión o con estar deprimidos. La vida conlleva un gran peso, y si encuentras la valentía para sobrellevar grandes batallas, sentirás un peso aún mayor que a veces parecerá más de lo que puedes soportar.

Yo soy una persona que ama la vida y busca continuamente vivir al máximo, pero me identifiqué totalmente con la oración de Elías: "¡Estoy harto, Señor! Quítame la vida".

Me gustaría poder decirte que nunca he conocido este tipo de oscuridad, pero no ha sido así. Me gustaría poder decirte que a pesar de la esperanza que he tenido en mi viaje, nunca me he sentido ahogándome bajo un sentimiento abrumador de desesperación, pero nunca he estado exento de estas batallas. Las he conocido muy bien. Hay días en los que no puedo dormir debido a la preocupación, y otros en los que no quiero despertarme para enfrentar las batallas que sé que llegarán. He visto a demasiadas personas que he amado llegar al final de sus límites, y a demasiadas que han escogido ponerse fin a sí mismas, como para tratar a la ligera este momento en la vida de Elías.

Elías, el profeta de Dios, quería que Dios pusiera fin a su vida, y deberíamos pausar y reflexionar profundamente en esta verdad. El guerrero no está libre de la oscuridad, sino que debe enfrentar la oscuridad y llevarla a la luz.

Cuando la vida es más de lo que puedes soportar

Me conmueve profundamente la respuesta de Dios a la condición frágil de Elías. Creo que si Elías estuviera vivo hoy y respondiera del mismo modo, sería la diana de antagonismo, juicio y condenación. Sería considerado indigno del liderazgo. Le dirían que dejara de enfocarse en sí mismo y dirigiera su enfoque otra vez hacia Dios. Sería juzgado por su falta de fe, condenado por sucumbir a su depresión, ridiculizado por huir y no enfrentar las realidades de la vida.

En cambio, Dios respondió con increíble bondad y compasión. Un ángel fue enviado para tocar a Elías, y decirle que se levantara inmediatamente. Sin grandes ruidos, sin una reprensión enojada, sin condenación por su cobardía; solamente un pequeño toque para despertarlo de su sueño y alentarlo a levantarse y comer.

Sobresaltado por esta intervención y sin darse cuenta de que había comida disponible, Elías miró a su alrededor. Al lado de su cabeza había pan recién horneado y una jarra de agua fresca. Cuando Elías comió y bebió, volvió a tumbarse. ¿Has observado alguna vez que cuando estás deprimido, lo único que quieres hacer es dormir? Tal vez ni siquiera tienes la fuerza para comer o beber, pero si alguien te lleva comida o bebida, te someterás a su oferta y después volverás a dormir. Eso es exactamente lo que hizo Elías.

Pero el ángel del Señor regresó una segunda vez y volvió a tocarlo suavemente. Esta vez, el ángel añadió un poco más de información a su ánimo: "Levántate y come, porque te espera un largo viaje".[110] No creo que sea casual que en su primera aparición, el ángel no mencionara el viaje que había por delante; solamente le dijo a Elías que se levantara y comiera. La segunda vez que apareció el ángel, comenzó a hablar a Elías sobre su futuro. No dijo que las cosas iban a ser más fáciles. No dijo que no desesperara porque no habría ningún reto por delante. Le dijo la verdad: *Elías, necesitas recuperar tu fuerza porque te espera un largo viaje y es demasiado para ti en tu presente estado*. El guerrero sabe que la fuerza que tiene hoy no será la adecuada para lo que necesitará mañana.

Elías fue fortalecido por esa comida. Quiero que sepas que Dios te dará la fuerza que necesitas no solo para enfrentar los retos que tienes delante, sino también para continuar el viaje que te espera. Hay veces en las que la mayor arma del guerrero es retirarse. Hay momentos en los que si quieres avanzar, debes retroceder. Esta es la naturaleza profunda de Dios: que cuando somos débiles, Él es fuerte. Cuando hemos perdido nuestras fuerzas, Él las repone.

El alma de Elías se moría de hambre, pero Dios comenzó el proceso de restauración alimentando su cuerpo. Si estás deprimido, si estás desalentado, si has probado el golpe aplastante de la derrota, lo más espiritual que puedes hacer es asegurarte de recuperar tus fuerzas. Lo más espiritual que podía hacer Elías era comer y beber.

Tú no eres un cuerpo sin un alma; eres un alma con un cuerpo. Pero la salud de tu alma está conectada profundamente con la salud de tu cuerpo. No suena muy espiritual, pero Elías tuvo que enfrentar los efectos físicos y emocionales del agotamiento. No había tenido en cuenta el costo que la victoria demanda del guerrero. Cuando hubo recuperado sus fuerzas, entonces viajó durante cuarenta días y cuarenta noches hasta que llegó al monte de Dios.

Hay un viaje que te espera y que requerirá una gran fuerza. Hay muchas batallas que aún quedan por pelear. En algunas conocerás la victoria, y en otras gustarás la derrota; pero ninguna batalla te robará la vida como la batalla por tu alma. Si no tienes cuidado, el temor te impulsará a huir por tu vida y a huir de tu vida. Incluso cuando huimos, Dios tiene un modo asombroso de encontrarse con nosotros cuando estamos escondidos en nuestro propio desierto, ayudarnos a reponer nuestras fuerzas y llamarnos de nuevo hacia sí mismo.

Cuando has perdido tu camino

Siempre me intrigan las preguntas que Dios hace a su pueblo. Cuando Adán y Eva comieron del árbol prohibido, Dios preguntó: "¿Dónde estás?".[111] Cuando Elías llegó al monte, se metió en una cueva y pasó allí la noche. Dios le hizo a Elías la pregunta más fascinante. Después de que Elías hubiera huido durante cuarenta días y cuarenta noches a un lugar al que nunca tuvo intención de ir, el Señor le preguntó: "¿Qué haces aquí, Elías?".[112]

A primera vista parecería que Elías estaba huyendo de Jezabel, pero una mirada más detallada a la agitación interior de Elías deja claro que estaba huyendo de Dios. Esta comprensión nos presiona contra una de las verdades más desconcertantes en nuestro viaje espiritual: cuando estás huyendo de tus temores, estás huyendo de Dios. Escondida en tus temores está la fe que buscas. Si quieres tener un encuentro con Dios, permanece en tus temores. Permanece en tu dolor. Permanece cuando todo en tu interior te dice que te retires. Elías huyó de Dios y corrió directamente a Él.

A propósito, si estás huyendo de Dios, Él ya te está esperando, dondequiera que te lleve tu viaje. A pesar de cuán lejos huyas, Él estará tan cerca de ti como estaba cuando te fuiste.

No sé por qué intentamos responder a las preguntas de Dios como si Él no supiera ya las respuestas. Elías comenzó con una larga explicación de la razón por la que huir tenía todo el sentido. Comenzó diciéndole a Dios todo lo que él había hecho, y quizá eso sea parte del problema. Elías había tomado la historia de Dios con Elías y la había convertido en la historia de Elías con Dios. Mi historia no es mi historia con Dios; es la historia de Dios conmigo. Incluso cuando he escogido huir, Dios ha permanecido conmigo. Cuando escogí esconderme, Dios me encontró. Cuando quise poner fin a mi vida, Dios me dio vida.

El resumen que hace Elías de su dilema presenta una perspectiva falsa de la realidad: "Yo soy el único que ha quedado con vida".[113] Qué extraño que pensemos que estamos solos cuando Dios está con nosotros. Uno de nuestros mayores temores es el abandono. Nada te robará la esperanza con tanta fuerza como una sensación abrumadora de soledad. Hay veces en las que decidirás caminar con Dios y sentirás como si estuvieras caminando solo. Sin embargo, no debes olvidar que nunca estás solo: Dios siempre está contigo.

Dios le dijo a Elías que fuera al monte para tener un encuentro con su presencia. El Señor mismo iba a pasar por ese mismo monte: "vino un viento recio, tan violento que partió las montañas e hizo añicos las rocas; pero el Señor no estaba en el viento. Después del viento hubo un terremoto, pero el Señor tampoco estaba en el terremoto. Tras el terremoto vino un fuego, pero el Señor tampoco estaba en el fuego".[114] Finalmente, después del fuego llegó "un suave murmullo".[115]

El modo en que Dios escogió revelarse a sí mismo fue un recordatorio para Elías de que su fuerza no estaba arraigada en lo espectacular, sino en lo íntimo. Elías había visto a Dios en el viento y lo había visto sacudir la tierra, y lo había visto enviar fuego del cielo. Pero había olvidado que Dios no estaba en el viento ni en la sacudida del fuego: estaba en el suave murmullo que habló a las profundidades del alma de Elías y le hizo saber que Dios estaba con él.

Elías se cubrió la cara con su manto y permaneció en la entrada de la cueva. Aunque Elías sabía que había sido hallado, cubrió su cara para ocultarse de Dios y ocultarse de sí mismo. Oyó la voz del Señor una vez más diciéndole: "¿Qué haces aquí, Elías?".[116]

Ya sea que estés corriendo hacia la batalla o huyendo de ella, ya sea que estés huyendo por tu vida o huyendo de ella, nunca olvides que la fuerza del guerrero no está en cuán poderosamente puede atacar con su espada o blandir su arma. El camino del guerrero es el camino del susurro. El guerrero sabe quién es Dios y quién es él o ella. Incluso en esos momentos en los que te encuentras batallando con el desaliento o incluso ahogándote en una profunda sensación de desesperación, incluso en los momentos en que tienes temor y tienes la sensación de haber rebasado el borde del agotamiento, en lugar de pedir a Dios que te quite la vida, pídele que te dé vida.

La batalla ineludible

Quizá nadie conocía mejor la euforia de las grandes victorias que David, quien finalmente llegó a ser el rey de Israel. Conocemos las historias de sus grandes hazañas, sus grandes conquistas y sus grandes batallas. Él había logrado muchas cosas poderosas y, sin embargo, quizá es recordado más frecuentemente por uno de sus momentos más destacados de deshonra. David, en lo más alto de su poder, traicionó a uno de sus mejores amigos, a uno de sus propios comandantes, para robarle la esposa a su amigo leal. Deja que eso se asimile por un momento. David hizo que esencialmente asesinaran a uno de sus líderes más honorables y fiables para quedarse con la esposa de ese guerrero.

En ese momento, David tenía un número interminable de esposas y concubinas. Urías, el comandante de David, era un guerrero honesto y valiente que tenía una sola esposa, llamada Betsabé. Ella era hermosa; y una tarde en particular, resultó que David se levantó de la cama y fue al tejado de su palacio, donde la vio tomando un baño.

David tenía que tomar una decisión. No había ningún filisteo contra el que pelear en ese momento; no había gigantes que matar desde la seguridad de su palacio, pero se libraba la guerra en el alma de David. Su batalla presente era la batalla con la oscuridad interior. Casi de modo casual, la historia de Betsabé comienza con lo que puede parecer una descripción inocua: "En la primavera, que era la época en que los reyes salían de campaña, David mandó a Joab con la guardia real y todo el ejército de Israel... Pero David se quedó en Jerusalén".[117]

Me imagino que David no jugó un papel pequeño en la redacción de la historia de su vida. Los reyes a menudo se aseguraban su leyenda y legado, supervisando de cerca la redacción de las palabras que relataban la historia de sus vidas. Esto me conduce a creer que David habría sido consciente de la importancia de esa línea aparentemente inofensiva. Cuando Elías huyó de la batalla, David simplemente se quedó cuando debería haber avanzado. Es una descripción poética de esa época del año: "En la primavera, que era la época en que los reyes salían de campaña". Aunque es hermosa, es también profunda. El autor de la historia, Samuel, quería que sus lectores entendieran que había una batalla que David debería haber estado peleando, pero que había abdicado su responsabilidad de liderar. Mantenía el título de rey, pero entregó a otra persona las responsabilidades de la época de campaña que conllevaba esa posición.

Uno de los lugares más peligrosos donde estar es donde nunca habías de estar en un principio. David nunca debería haber estado paseando en el tejado del palacio aquella tarde de primavera. Era primavera, y era cuando los reyes salían de campaña. Era primavera, y David era rey sobre Israel. Era primavera, y los hombres del rey estaban en el fragor de la batalla. Era primavera, y todo estaba discurriendo como debía, excepto que David se quedó atrás.

Me pregunto cuántas veces nos encontramos haciendo nuestras peores elecciones porque hemos abdicado las batallas en las que debíamos estar y después terminamos en batallas que nunca debíamos haber peleado. David había perdido su intención, y cuando perdemos nuestra intención somos vulnerables a nuestras peores decisiones. Al evitar el peligro de la batalla, David se volvió un mentiroso, un adúltero y un asesino. Tengo que creer que si él hubiera visto caer la última pieza del dominó, nunca hubiera hecho esa primera elección.

Con frecuencia es la primera elección la que no parece una elección. La elección es clara cuando decides matar; la elección es clara cuando decides cometer adulterio. La elección es clara cuando has escogido mirar donde no deberías haber mirado. David descubrió que es difícil negar la realidad de esas elecciones. Dado el tiempo suficiente, la evidencia por lo general exige un veredicto. Lo que no puede verse es lo imperceptible para otros y con frecuencia incluso para nosotros mismos. Es esa primera elección, en la que David decidió no ir a la guerra, en la que decidió abdicar su responsabilidad, en la que simplemente decidió quedarse. Cuando no eres lo que se supone que seas, casi con toda seguridad estarás donde desearías no haber ido. Lo que Goliat no pudo hacer a David, la complacencia lo destruyó con facilidad. Estoy convencido de que la pregunta que el ángel del Señor le hizo a Elías es una pregunta que Dios nos sigue haciendo a todos nosotros: "¿Qué haces aquí?". Era primavera, y David debería haber estado en la guerra, pero en cambio perdió la batalla contra la oscuridad interior.

No puedes huir de la oscuridad

De niños parecemos tener una tendencia natural a tener miedo a la oscuridad. Es muy difícil convencer a los niños de que no hay nada que temer en la oscuridad, que todo lo que ellos temen es una proyección de sus temores interiores. Como padre, aprendí rápidamente que todas las explicaciones adecuadas no ayudaban nada a mis hijos. Solamente dos cosas podían ayudarles a vencer sus miedos. Una era encender la luz; funcionaba todas las veces. En el momento en que la luz disipaba la oscuridad, el miedo se iba; hasta que yo volvía a apagar la luz. La otra solución para su miedo a la oscuridad era si yo estaba de acuerdo en quedarme a su lado hasta que se durmieran. La mayoría de las veces yo estaba contento de hacerlo.

A veces me pregunto si los niños son más perceptivos que los adultos. Ignoramos la oscuridad hasta que nos consume. Cada uno de nosotros peleará con la oscuridad interior. Para algunos será el temor y para otros será la codicia. Para algunos tal vez sea la desesperación y para otros la amargura. La oscuridad puede que quiera que tomes lo que no te pertenece o que rindas lo que debería ser tuyo. Ya sea que te encuentres como Elías, abrumado por el temor, o como David, consumido por la lujuria, hay una única manera de encarar la oscuridad: mantener a Dios cerca y que se convierta en la luz. Lo que no querrás hacer es enfrentar la oscuridad en soledad.

Cuando el profeta Elías enfrentó su noche oscura del alma, huyó por su vida y batalló solo en el desierto. Cuando el rey David enfrentó su hora más oscura, envió lejos a sus hombres y se encontró solo en el tejado. Ni siquiera los profetas o los reyes deberían intentar enfrentar solos sus momentos de oscuridad. Ni siquiera Jesús quiso hacer eso.

Antes de que Jesús permitiera que lo llevaran a la cruz, enfrentó su noche más oscura. Él iba a menudo al Monte de los Olivos, que parecía ser uno de sus lugares favoritos donde retirarse y orar. Aquella noche fue diferente. Esta vez, se preparó para enfrentar el momento para el que nació. Él sabía lo que le esperaba. Enfrentaría la brutalidad de la cruz, y por si eso no fuera suficiente, también llevaría sobre sí mismo el peso del mundo. Las multitudes vieron su sufrimiento en la cruz, pero solamente los más cercanos a Él vieron su sufrimiento en el huerto.

Jesús experimentó su noche oscura del alma en el Huerto de Getsemaní. Si alguien podía enfrentar en soledad su momento más oscuro, supondríamos naturalmente que debería haber sido Jesús. Sin embargo, Él decidió llevar consigo a tres de sus mejores amigos. Confió en Pedro, Jacobo y Juan para que conocieran la profundidad de su propia batalla. Les pidió que esperaran con Él mientras oraba, y también les pidió que oraran por Él y por ellos mismos. En un momento de transparencia inesperada y asombrosa, Jesús les dijo: "Es tal la angustia que me invade, que me siento morir. Quédense aquí y manténganse despiertos conmigo".[118]

Nunca solo

Una de las mayores mentiras que nos dice la oscuridad es que estamos solos. Nos convencemos a nosotros mismos de que nadie más ha pasado por lo que nosotros estamos enfrentando. Creemos que no es posible que nadie entienda nuestro dolor o nuestra tristeza. Cuando te encuentras ahogándote en una profunda sensación de desesperanza, cuando cada respiración parece estar consumida solamente de desesperación, nunca olvides que hay alguien que no solo entiende, sino que también ha estado donde tú estás en este momento.

Nuestros momentos más oscuros raras veces llegan porque hayamos fallado o porque hayamos perdido una gran batalla; nuestras heridas más profundas llegan cuando nos sentimos traicionados por un beso. Por eso el guerrero debe guardar siempre su corazón, pues es ahí donde la oscuridad se abre camino para robarte tu luz. Esa es la batalla que puede pelearse solamente en oración: responder al odio con amor, a la traición con perdón, a la desesperación con esperanza, a la oscuridad con la luz. Cuando necesites huir, no huyas de Dios, corre hacia Él. No huyas de las personas que necesitas en tu vida; corre hacia ellas.

La vida nunca debería vivirse en soledad. Las mayores batallas demandan un ejército. Nunca eres más fuerte que cuando estás entre dos guerreros. Es demasiado fácil huir cuando te convences a ti mismo de que eres el único que queda; es demasiado fácil rendirse si estás peleando solo por ti mismo. Nunca olvides que no hay victorias ganadas sin otros, así que ¿por qué querrías enfrentar la derrota a solas?

Cuando huyes de las batallas que debes pelear, finalmente tu viaje te llevará a cerrar el círculo de regreso a ellas. Hay batallas que debes pelear, heridas que debes soportar, y cicatrices que debes mostrar. Huir de la batalla es simplemente demorar lo inevitable. No es que Dios insista en que enfrentes otra lucha; es que Dios se niega a permitir que te rindas a una vida menor de la que fuiste creado para vivir.

Elías huyó porque Jezabel amenazó su vida. La única salida que él podía ver fue pedir a Dios que pusiera fin a su vida. Sin embargo, cuando oyó a Dios preguntarle: "¿Qué haces aquí, Elías?", pronto se encontró enfrentando precisamente la oscuridad de la que había huido. Solo había un camino hacia adelante para Elías, y era regresar para enfrentar aquello de lo que había huido: para enfrentar sus temores. ¿Cómo, sino, sabría que Dios tendría un encuentro con él en sus momentos más oscuros?

Moisés nació en Egipto. Es una coincidencia demasiado grande suponer que fue criado y educado en la sabiduría de los egipcios por accidente, demasiado ilógico creer que no fue intencional que fuera criado como un hijo del faraón, al lado del propio hijo del faraón. Todo lo que el faraón sabía, también lo aprendió Moisés. Dios le había preparado mucho tiempo antes para todo lo que Moisés enfrentaría un día. En verdad, él huyó de su vida; huyó durante cuarenta años. Corrió durante cuarenta años en la dirección equivocada, hasta que Dios tuvo un encuentro con él y lo envió otra vez donde todo comenzó.

Corre hacia tu futuro

Cuando conocí por primera vez a Ángela Davis, supe que ella era una fuerza de la naturaleza. Llenaba la sala de amabilidad y confianza, de humildad y carisma. Cuando conocí a su esposo, Jerome, parecía que él era la calma en medio de la tormenta. Él tiene la mansedumbre del poder con arneses; hay en él firmeza y fuerza, una bondad magnética.

Uno nunca sabría que su esposa, Ángela, una mujer que lleva sanidad a muchos otros, ha conocido también heridas profundas. Ángela fue deportista siempre. Es hija de un exjugador de básquet profesional, de modo que recibió talento de modo natural. Desde los cinco años de edad hasta los dieciocho, Ángela fue una destacada jugadora de fútbol, pero en su segundo año perdió su amor por el deporte y dirigió su enfoque y su energía a correr. En su segundo año de universidad conoció a otro deportista, y se casó a los veintiún años de edad.

Su matrimonio fracasó, y a los veinticinco años se encontró divorciada y madre soltera de dos hijos. Tras el nacimiento de su segundo hijo batalló con la depresión postparto. En medio de ese periodo oscuro, se dio cuenta de que podía vencer su depresión solamente si volvía a encontrar otra vez la valentía para perseguir sus sueños. Ángela entendió que cuando perdió su propósito, perdió su impulso. Recordó que hubo una vez en su vida en que su propósito era correr. Es entonces cuando recuperó su propósito y volvió a encontrar el agrado de Dios.

Ángela podía correr, y podía correr con rapidez. En toda la secundaria, ella siempre fue la corredora más rápida de toda la escuela, antes de ser finalmente vencida por un muchacho. Corrió durante cinco años como deportista universitaria y después siguió corriendo profesionalmente después de su graduación. Su papá le encontró el mejor entrenador en Chicago.

Cuando Ángela competía para calificarse para el equipo olímpico estadounidense, estaba en el puesto número veinticinco como corredora más rápida del mundo. Si hubiera comenzado a entrenar desde que era muy joven, quién sabe qué títulos mundiales habría conseguido. En el verano del año 2000, Ángela y Jerome conectaron después de haberse conocido brevemente años antes. Jerome era también un deportista que aspiraba a llegar al equipo olímpico. A pesar de todo su talento y trabajo duro, ninguno de ellos consiguió entrar en el equipo, y establecieron vínculos mientras se consolaban mutuamente. El sufrimiento los unió.

Fue cuatro años después cuando Ángela estaba compitiendo, totalmente preparada para cumplir sus sueños olímpicos, cuando sufrió una lesión que volvió a terminar con sus esperanzas. Esa lesión en el tendón de Aquiles tal vez puso fin a su carrera como corredora, pero ella nunca perdió lo que había conseguido.

Años antes, tras su divorcio, el papá de Ángela le había dicho: "Necesitas correr hacia tu sanidad". Ella sabía que la única manera de poder atravesar el divorcio y todo el dolor que tuvo que soportar era sirviendo a otros. Sabía que su sanidad no podía encontrarse en huir de su propósito, sino en correr hacia él. Ángela lleva las heridas de una guerrera; está marcada por cicatrices de fracaso, decepción y dolor; sin embargo, son cicatrices hermosas, porque marcan el lugar donde ha sido hallada la sanidad.

"Fue una decepción no entrar en las Olimpiadas de 2000. Si corría al máximo rendimiento, podría haber entrado en el equipo", decía Ángela. Ella estaba impulsada por una profunda motivación personal a empujarse a sí misma más allá de los límites de una deportista común y superar los límites de su dolor. Ella explicaba: "No corría para comer; corría para ser sanada". Esa es la razón por la cual todos deberíamos correr.

Aquí en Los Ángeles, Ángela Davis es la envidia de todos los que le rodean. Ella ha alcanzado un nivel de celebridad y éxito con el que la mayoría solamente sueña. Sería fácil para ella crear una fachada donde nadie pudiera imaginar nunca el viaje en el que ha estado o el dolor que ha conocido. Cuando ella viajaba por todo el país hablando a multitudes de miles, lo único que las personas podían ver y experimentar era su talento y carisma. Le pregunté a Ángela si podía compartir esta pequeña parte de su trasfondo, pues ella es un recordatorio perfecto de cómo se ve realmente un guerrero. Nunca ha habido un guerrero que no haya conocido el dolor. Nunca ha habido un guerrero que nunca haya conocido el fracaso. Nunca ha habido un guerrero que no haya conocido la derrota. La fuerza del guerrero es que permanece en su dolor. Ángela Davis es un recordatorio vivo de esa verdad.

A veces sentimos que no podemos soportar nuestras heridas y no creemos que podamos encontrar nuestra sanidad, y por eso huimos. El guerrero sabe que está herido y quebrantado. El guerrero sabe que su sanidad llega mediante su propósito. Solamente cuando regresamos a nuestra intención es cuando encontramos nuestra sanidad. Si has huido de la primera línea porque sentías que no podías soportar ni una herida más ni tampoco enfrentar una batalla más, es momento de que corras por tu sanidad. Para cada uno de nosotros, la primera línea es diferente y simultáneamente es la misma. La primera línea para todos nosotros es un lugar donde Dios nos llama a estar, a vivir en nuestro nivel más profundo de fe, a cumplir nuestra mayor intención. Hay solo un camino hacia tu futuro, y es hacia adelante.

Llamado a más

Jonás fue llamado por Dios a predicar a la ciudad de Nínive, a llamar al arrepentimiento a una ciudad definida por su propia oscuridad, y a ponerse delante de un rey pagano para decirle que se inclinara ante el Dios vivo. En cambio, Jonás huyó por su vida. La Biblia está llena de corredores. Cuando Jonás estaba en un barco en medio de una gran tormenta, les dijo a los marineros que lo lanzaran al agua, pensando que mediante su muerte se salvarían ellos. Es extraño cómo el mismo tema parece ser recurrente en las vidas de aquellos a quienes llamamos héroes de nuestra fe.

Después de haber lanzado a Jonás al océano, la tormenta amainó, y un pez gigantesco, o quizá una ballena, se lo tragó. Estuvo en el vientre del animal por tres días, y blanco como un fantasma, fue escupido a la tierra. Se ocultó bajo un árbol y deseó poder morir. Quería que su vida terminara porque Dios había mostrado misericordia precisamente a la nación a la que él debía predicar arrepentimiento. Una vez más, Dios no lo consintió. Qué rápidos somos para darle la espalda a Dios, pero Él se niega a darnos la espalda a nosotros.

Tras salir del vientre del pez, Jonás finalmente sí fue a Nínive a predicar arrepentimiento. Toda la ciudad dejó sus caminos destructivos y acudió a Dios. Por eso, a propósito, Jonás nunca quiso ir en primer lugar. Por eso huyó a su propio desierto para ocultarse. Por eso huyó de su destino y de su llamado. No quería que Dios fuera tan misericordioso y bueno como él sabía que siempre era Dios.

Jonás es un claro recordatorio de por qué debemos ganar las batallas en nuestro interior.

No podemos darle al mundo lo que no tenemos.

No podemos llevar paz a la tierra si no tenemos paz interior.

No podemos crear un mundo con justicia si nuestro corazón está lleno de injusticia.

No podemos llevar esperanza al mundo si nuestro corazón está lleno de desesperanza.

No podemos dar gracia si lo único que conocemos es juicio.

No podemos dar perdón si nuestro corazón está lleno de amargura.

A menudo, las personas culpan a Dios de todos los problemas del mundo, pero Él es la fuente ilimitada de amor, esperanza, paz, belleza y compasión. Él derramó sobre nosotros esas cosas sin reserva y sin límite.

¿Somos como Jonás, huyendo de Dios y huyendo de nuestra intención porque Él nos llama a más y nosotros hemos decidido quedarnos con menos? Dios nunca dio la espalda a Jonás, aunque Jonás sí hizo todo lo posible por alejarse de su oportunidad de hacer un bien increíble. Dios podría haber usado a otra persona; habría sido más fácil. Pero Dios quería que tanto Nínive como Jonás cambiaran. Jonás podía ver la gran oscuridad en Nínive, pero no podía ver la gran oscuridad en su interior. Esta historia no habla simplemente de la salvación de Nínive; habla de la salvación de Jonás.

El camino del guerrero es una senda de honor, nobleza y servicio. El corazón del guerrero rebosa del pozo interminable de fe, esperanza y amor. El guerrero vive para cumplir la intención de Dios de que el mundo refleje todo lo bueno, hermoso y verdadero. ¿Es esa la senda que has escogido? Si lo es, entonces eres consciente de que la batalla siempre se libra en el interior.

Me pregunto cuánto tiempo de nuestra vida pasamos corriendo en círculos, huyendo de nuestro destino, huyendo de nuestro llamado, huyendo de nosotros mismos. Me gustaría poder decirte que cada batalla que has de pelear estás destinado también a ganarla, pero no estoy tan seguro. Hay batallas a las que somos llamados a entrar no porque la victoria sea segura, sino porque la integridad lo demanda. Cada herida que tiene un guerrero es una señal de su honor. Las cicatrices que simplemente relatan la historia de violencia, o de furia o enojo, no son las marcas de un guerrero. Pero cuando llevamos las heridas del amor, cuando soportamos las heridas que llegan en el servicio a otros, cuando soportamos las heridas de pelear la gran batalla, esas son las verdaderas marcas del guerrero.

A menudo me han preguntado si tengo tatuajes. La mayoría de las personas parecen sorprenderse cuando digo que no tengo. Lo que tengo, sin embargo, y que marca cada centímetro de mi alma, si no de mi cuerpo, son las heridas que han producido mi sanidad. Y estoy agradecido por cada herida que ha creado una cicatriz, porque en ellas he encontrado la fuerza para sanar al mundo. El guerrero lleva bien sus heridas, y las heridas que tiene le sanan. Las heridas de un guerrero no solo le ayudan a encontrar su propia fuerza, sino que es también mediante sus heridas como el guerrero puede dar fuerza. El guerrero sana mediante sus heridas.

Tus heridas no son tu debilidad; tus heridas son tu fortaleza. No te avergüences de las cicatrices, pues son tus marcas de honor, valentía y belleza. Fue Pablo quien llevaba con él un aguijón en la carne que lo atormentó durante su vida. Le rogó a Dios que lo quitara, pero Dios no lo hizo. Mediante su sufrimiento, Pablo llegó a conocer que era en su debilidad cuando era fuerte.[119] No sé las batallas que has enfrentado, el dolor que has soportado, las luchas que has encarado, pero estoy seguro de esto: no tienen que ser tu vergüenza; pueden ser tu gloria.

Recientemente estuve en Ciudad de México y conocí a un actor llamado Luis Franco, que ha alcanzado cierto nivel de fama en su país por una serie de televisión. Estaba casado con una actriz famosa. Al mismo tiempo que expresó una fe pública, el final de su matrimonio también se hizo público. Fue acusado por los medios de comunicación de acudir a Dios solamente porque su vida era un caos. Yo pude ver que él sufría mucho dolor, que aún amaba a su esposa, y que su fe era genuina. También fue una realidad ineludible que su vida se estaba desmoronando mientras al mismo tiempo todo estaba encajando.

Le dije que su respuesta a los medios debería haber sido muy simple en realidad: "Ustedes creen que acudí a Dios porque mi vida es un caos, pero ni siquiera pueden ver cuánta razón tienen. Ustedes piensan que mi vida es un caos por lo que conocen, pero es un caos aún mayor de lo que nunca podrían saber. De hecho, si todos fuéramos sinceros con nosotros mismos y con los demás, todos somos un caos".

Tal vez lo mejor que cada uno de nosotros podría hacer es leer y releer las historias de los grandes líderes, profetas y reyes que Dios escogió usar. Las personas a las que llamamos héroes en la Biblia eran meros seres humanos. Eran a la vez los mejores de nosotros y los peores de nosotros. Adán y Eva lo estropearon todo. Decir que Caín era un caos sería un elogio. Abraham era un caos. Rahab era un caos. Moisés era un caos. David era un caos. La Biblia está llena de personas como nosotros que enfrentaron los mismos temores, las mismas luchas, las mismas batallas, y sin embargo, nada les descalificó de vivir sus vidas más heroicas.

El camino del guerrero no está libre de dolor, no está libre de decepción, y no está libre de fracaso. El guerrero es conocido por la valentía, por el honor, por la integridad. Sin embargo, el guerrero conoce bien las luchas que llegan con el temor, con la duda de uno mismo e incluso con la desesperación. El guerrero enfrenta a su mayor adversario cuando tiene que enfrentarse a sí mismo. El guerrero sabe que no hay ninguna victoria que no se gane antes en el interior. Nunca olvides quién eres.

Eres un guerrero de luz. No temas a la oscuridad.

Eres un guerrero de esperanza. No temas a la desesperanza.

Eres un guerrero de fe. No temas a la incertidumbre.

Eres un guerrero de amor. No temas al odio.

Eres un guerrero de paz. No temas a la batalla interior.

Esta es la lucha de tu vida. Esta es la lucha por tu vida. Este es el camino del guerrero.

Reconocimientos

Sobre todo quiero dar las gracias a mi brillante esposa, Kim. Tú eres la guerrera suprema.

A mi hijo Aaron; a mi hija Mariah, y a su esposo Jake, que están siempre a mi lado en esta gran lucha que llamamos vida.

Y a todos aquellos cuyos nombres no se mencionan, pero que nunca serán olvidados.

Ustedes son nuestra tribu y estaremos siempre agradecidos.

Juntos recorremos el camino del guerrero.

Adelante,
Erwin Raphael McManus

Notas

1. Ver Eclesiastés 3:8.
2. Job 3:25–26.
3. Juan 14:27.
4. Isaías 9:7.
5. Juan 14:27.
6. Filipenses 4:6, NTV.
7. Ver Filipenses 4:6.
8. Juan 16:33.
9. Lucas 1:76–79.
10. Wikipedia, s.v. "shalom," https://en.wikipedia.org/wiki/Shalom.
11. Filipenses 4:6, NTV.
12. Isaías 26:3, RVR-60.
13. Lucas 1:79.
14. Lucas 2:14.
15. Mateo 5:40.
16. Mateo 5:41.
17. Mateo 5:39.
18. Ver Mateo 21:12; Marcos 11:15; Juan 2:15.
19. Ver Mateo 24:6; Marcos 13:7.
20. Erwin Raphael McManus, *Uprising: A Revolution of the Soul* (Nashville: Thomas Nelson, 2010), p. 230.
21. Eclesiastés 9:13–18.
22. Eclesiastés 10:10.
23. Salmos 111:10.
24. 1 Juan 4:18.

25. Proverbios 27:17.
26. Ver Proverbios 27:5–6.
27. Eclesiastés 4:9–12.
28. Ver Marcos 9:33–34.
29. Marcos 9:35.
30. Ver Mateo 20:20–21.
31. Marcos 3:17.
32. Mateo 20:22.
33. Mateo 20:25–26.
34. Mateo 20:26; Marcos 10:43.
35. 31 Corintios 10:31.
36. Mateo 20:27.
37. Mateo 20:28.
38. Ver Marcos 12:30.
39. Ver Juan 5:19, 30.
40. Ver Juan 13:2.
41. Juan 13:3.
42. Ver Juan 13:4–5.
43. Juan 13:8.
44. 1 Samuel 17:33.
45. 1 Samuel 17:34.
46. 1 Samuel 17:34–35.
47. 1 Samuel 17:36–37.
48. Ver 1 Samuel 17:34–35.
49. Mateo 20:26; Marcos 10:43.
50. Filipenses 2:3–4.
51. Online Etymology Dictionary, s.v. "memory", www.etymonline.com/word/memory.

52. Laboratory of Neuro Imaging, "Education Brain Trivia", http://web.archive.org/web/20170313053429/http://loni .usc.edu/about_loni/education/brain_trivia.php.
53. "80% of Thoughts Are Negative . . . 95% Are Repetitive," The Miracle Zone (blog), March 2, 2012, https://faithhopeandpsychology.wordpress.com/2012/03/02/80-of-thoughts-are-negative-95-are-repetitive/.
54. Romanos 12:2.
55. Ver Romanos 12:2.
56. Ver Hebreos 11:1.
57. Ver Génesis 2:15–17.
58. Génesis 3:10.
59. Génesis 3:11.
60. Génesis 3:12.
61. Génesis 3:13.
62. Génesis 3:13.
63. Ver Mateo 25:14–30.
64. Ver "Talent Conversion Chart," Convert-me.com, https://m.convert-me.com/en/convert/history_weight/bibtalent.html?u=bibtalent&v=1; Mary Fairchild, "How Heavy Was a Talent in the Bible? A Talent Was an Ancient Measurement for Weighing Gold and Silver", ThoughtCo., 17 de marzo de 2018, www.thoughtco.com/what-is-a-talent-700699.
65. Es una cifra aproximada. Dependerá del precio actual del oro.
66. Mateo 25:24.
67. Ver Mateo 25:25.

68. Cristina Lapenna, "5 Reasons Why Your Watch Stopped Working", *The Long's Blog,* 19 de octubre de 2015,https://blog.longsjewelers.com/watches/watch-stopped-working; Sunson 505, "Why Wrist Watches Stop Working on Some People", *Ieboturkson99* (blog), 8 de mayo de 2013, https://ieboturkson99.wordpress.com/2013/05/08/why-wrist-watches-stop-working-on-some-people/.
69. *Encyclopedia Britannica,* s.v. "Special Relativity", www.britannica.com/science/special-relativity; *Encyclopedia Britannica,* s.v. "Relativity", por Sidney Perkowitz, www .britannica.com/science/relativity.
70. Ver Nehemías 8:10.
71. Santiago 1:6–8.
72. Adaptado de los filósofos Juan Stuart Mill y Edmund Burke, "The Only Thing Necessary for the Triumph of Evil Is That Good Men Do Nothing", Quote Investigator, https:// quoteinvestigator.com/2010/12/04/good-men-do/.
73. Isaías 40:29–31.
74. Ver Juan 10:10.
75. Ver Marcos 5:30–31.
76. Ver Juan 5:19, 30.
77. 2 Corintios 12:9.
78. Ver 2 Corintios 12:9.
79. Génesis 1:3.
80. Ver Jeremías 20:9.
81. Santiago 1:17.
82. Paulo Coelho, *El Alquimista,* trans. Alan R. Clarke (New York: HarperCollins, 2006), p. 36.

83. Ver Hechos 17:28.
84. Ver Santiago 5:17.
85. Ver 1 Reyes 18.
86. Ver 1 Reyes 18:42–44.
87. Ver Ezequiel 37:1–14.
88. Juan 20:21.
89. Juan 20:22.
90. Génesis 1:3.
91. Génesis 2:7, RVR-60.
92. Ver Mateo 14:28.
93. Ver Mateo 14:30.
94. Ver Juan 17:11.
95. Ver Santiago 5:17.
96. Colosenses 1:15–20.
97. Hebreos 11:6.
98. Ver Hebreos 11:1.
99. Hebreos 11:3.
100. Esta historia también está en mi libro *Tribu: Desata la fe salvaje que llevas dentro*(Whitaker House, 2018)
101. Génesis 5:24.
102. Eclesiastés 3:11.
103. Mateo 16:19; 18:18.
104. Ver 1 Reyes 18.
105. 1 Reyes 18:27.
106. 1 Reyes 18:39.
107. Ver 1 Reyes 19:2.
108. 1 Reyes 19:3.
109. 1 Reyes 19:4–5.
110. 1 Reyes 19:7.
111. Génesis 3:9.

112. 1 Reyes 19:9.
113. 1 Reyes 19:10.
114. 1 Reyes 19:11–12.
115. 1 Reyes 19:12.
116. Ver 1 Reyes 19:13.
117. 2 Samuel 11:1.
118. Mateo 26:38.
119. Ver 2 Corintios 12:7–10.